像

經濟學家

一樣思考

24 堂 超有料市場供需課
Step by Step
揭開貨幣、商品與消費的祕密

THINK like an
ECONOMIST

安‧魯尼
ANNE ROONEY

林奕伶————譯

CONTENTS 目錄

說真的，經濟學到底是什麼？

「經濟學」就存在我們身邊，生活中的食衣住行——從貨幣、商品到消費，從分配資源到創造供需，處處都是經濟學的學問。

你比較想去度假，還是想買張新沙發？你比較希望政府在教育政策上多花錢，還是實施減稅？醫療照護應該免費嗎……類似這樣的問題，就是經濟學的核心。諸如此類的問題需要我們決定「如何使用自己、或政府可用的財務資源」，因為我們知道，選擇一件事通常意味著放棄另一件事。這些問題出現在我們必須應付匱乏不足時——選擇如何分配有限的資源。

　　這些問題會發生，是因為對大多數人和所有政府來說，「金錢都是有限的資源」。你的錢可能不夠同時買沙發又度假。一個政府的錢可能不夠同時改善教育又減稅。這不光是金錢會遇到的問題；土地和時間也是有限的資源。

　　如果萬事萬物都有充裕的量——無限的糧食、土地、住宅、醫療照護、教育、運輸、書籍——那麼就沒有金錢的需求，不需要選擇或列出事情的優先順序，也不需要經濟學了。

資源永遠不足

　　我們使用的所有東西，如糧食、住宅及書本，經濟學家都稱之為「資源」。大部分資源的供給都是有限的；以經濟學的說法，那些是稀有資源。經濟學家對「稀有」的

用法和其他人略有不同。他們並非指資源像稀有的雪豹那樣罕見或短缺。他們指的只是資源的供給有限：如果不是無法再生，就是再生的速度趕不上使用的速度。所以石油是稀有資源，雖然一些國家的儲藏量豐富，但總有一天會用完，而且無法補充。經濟學在本質上，就是選擇如何使用稀有資源的過程。

只有極少數東西的供給在本質上是無限量的，例如：空氣、海水、陽光和風力。經濟學家通常稱這些是「免費財」（free goods），只不過，空氣和海水其實也是有限的。

如何選擇？

「稀少」迫使我們做選擇。我們可能要選擇自己的時間究竟要用來打理菜園，還是用來做運動；我們的時間有限，必須選擇怎樣使用它最好。一家企業或許要選擇用有限的員工製作手推車還是梯子，根據的是他們認為哪項商品比較有利可圖。政府可能要選擇在福利支出花更多錢，還是花更多錢去興建道路。

每一種情況，我們都得衡量成本與利益。過程中往往都要做取捨：一般都是指選了一件事，就得放棄另一件事。如果你拿錢去度假，可能就不夠錢買新家具；如果你

做兼職工作換取更多時間跟家人相處，那麼賺到的錢可能就不如全職工作。你可以選擇有錢還是有閒。

失去的機會及「代價高昂」的機會

經濟學家將數學應用在這些司空見慣的概念上，創造出有用的模型，解釋經濟中發生的事，並幫助個人、企業及政府替未來做計畫。

想像有個農人可以用自己的土地種植草莓和覆盆子。但她的土地有限，所以必須決定利益最大的使用方法。

如果農人選擇多種植一些草莓，那麼覆盆子就得少種一些，反之亦然。我們可以畫出下面這張圖，計算出種植每一種水果的機會成本。農人有三座塑料大棚，所以必須決定分配多少空間給草莓，多少給覆盆子。

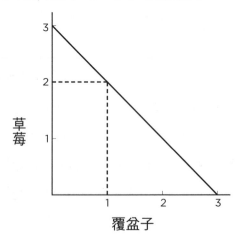

如果農人決定用兩個大棚種植草莓，那麼就只剩一個大棚可種覆盆子。她每種植一個大棚的草莓，機會成本就是一個大棚的覆盆子，每一個大棚的覆盆子，機會成本則是一個大棚的草莓（請見左頁的圖）。

無形商品的資源 · **Key Points**

免費財是以資源來說，不用成本就能生產。諷刺的是，這導致免費財的定義可能包含或排除相同的東西。無形商品如電腦程式、網頁或電子書，不管被下載幾次，都不會用到更多資源，這算是免費財。只不過最初的成品也需要資源來創造（時間、技能與心力）。如果出版商對程式或電子書收費，一件商品的相同副本就再也不是免費財，因為消費者必須使用資源（金錢）才能取得。智慧財產權因為承認原始創作使用了資源，而將免費財轉變成稀有商品。

當曲線更為彎曲⋯⋯

以前述的例子來說，機會成本的曲線圖是直線：每一個草莓大棚的成本是一個大棚的覆盆子，反過來也是一樣。但情況很少這麼簡單直接。

還有一個例子：假設我們有一座島，一面是肥沃富饒

的土地，另一面是岩石多的灌木叢林地。島上主要的農牧產品是山羊和小麥。島民必須決定如何分配土地。這次，機會成本就不是直線了，因為資源（土地）不均等。岩石多的灌木叢林地很難種植小麥，幾乎無法扎根。但山羊能夠忍受灌木叢林。在肥沃的土地養山羊也很容易，但是那樣做就浪費了，因為那裡適合種植小麥。

島民開始在肥沃的土地種小麥。隨著肥沃的土地耗

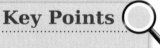

Key Points

後匱乏經濟
（post-scarcity economy）

有些未來主義者指出，說不定有一天任何物品都能用奈米科技（以分子等級創造事物）轉變成同等數量的另一種物品。所有商品就都成了免費財，因為可以毫無限制地互相交換——任何一種商品都不會有限制。

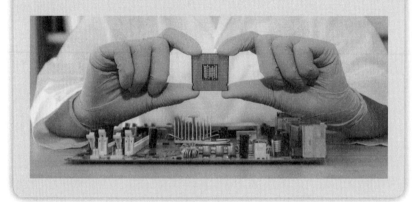

盡，小麥的畝產量會下降。而在岩石多的灌木林，收成偏低。這代表種植小麥的機會成本上升，因為島民被迫使用較不合適的土地。或許肥沃土地的四百公斤小麥可換取一隻山羊，但灌木林地的四百公斤小麥要四隻山羊才換得到。因此，四百公斤小麥的成本就在一到四隻山羊不等。

反過來說，在肥沃土地養一隻山羊的機會成本是四百公斤小麥，但是在灌木林地養一隻山羊的機會成本，則只有四百除以四，等於一百公斤小麥。

下圖顯示，第一批小麥的山羊機會成本很低，只有AB。我們沿著曲線往前移動，使用更多不合適的土地種植小麥，機會成本也跟著上升。以CD代表的小麥低產量，是以大量潛在山羊（EF）為代價的。

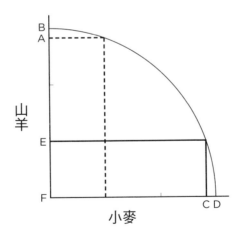

最大的總產量（山羊和小麥加總）大約位在曲線中間。代表在這一點的時候，是以最好的土地生產小麥、最差的土地生產山羊——這是最有生產力的資源利用。在這一點上的經濟，是這個情境下的成功表現。

機會成本 ....

經濟學家稱這種取捨為「機會成本」（opportunity cost）。例如一組新沙發的成本是你負擔不起的假期；花幾個小時運動的機會成本，是你沒有時間打理的菜園。

多與少：供給和需求

前面果農種植草莓與覆盆子的機會成本簡圖，顯示無論選擇種植哪一種作物，完全取決於農人。但是還有其他因素要考慮。如果她只生產一種作物，也許願意買的人不夠多。從經濟學來說，這代表她必須判斷，（例如）覆盆子是否有充分的需求，以確保所有的供給都能賣出。如果需求低，她就要以較低的價格賣覆盆子，才能全部脫手。否則有無法在水果腐爛之前售完的風險。她或許判定將資源（塑料大棚，肥料，農場工人）分攤到兩種作物上比較安全、也比較有利潤。這增加了賣完所有產品的可能性，

如果需求高於供給，甚至可以收取更高的價格——供給和
需求是形成經濟結構的核心（請見第3章）。

基本需求因國家而異：保暖衣物對居住在北歐各國的人是基本需求。

想要和需要

購買或消費商品及服務的消費者，用他們的資源取得他們「需要」（needs）和「想要」（wants）的東西。只要他們有足夠的錢買需要的一切，就能用剩下的錢買他們想要的東西。在經濟學，需要和想要的區別很重要。

「需要」必須得到滿足，人才能存活。這些需要包括食物、飲水、棲身之所及充足的保暖衣物。這些是我們最基本的需求。其他需求因時間與地點而異。舉例來說，住在北歐的人需要很多保暖的衣服，住在非洲尼日的人則不需要。而大家認為需要的物品，因文化不同而異，也會隨著時間而改變。在現代世界的鄉村地區，汽車可能被視為必需品，因為人們沒有車子很難四處走動。馬匹在過去是必需品，現在卻是奢侈品。經濟學家會評估並判定人在不同環境下需要什麼，才能有差強人意的生活水準。

一旦基本需求獲得滿足，多餘的錢就能用來滿足「想要」的欲望。不同於需要，想要的欲望沒有止境。我們需要一定數量的糧食，還有充足的棲身之所和衣物讓我們免受天氣傷害，但我們想要的東西卻無窮無盡。等我們有了足夠的糧食，可能想要更美味的食物。我們也許想要更大的房子、更好的車子、更多假期——人類想要的東西沒有

盡頭。除了極為富有的人之外，人人都得決定如何分配金錢。即使最富裕的人也得選擇如何使用時間，因為每個人的壽命有限。

　　對於種植覆盆子與草莓的農人來說，必須做的就是讓水果吸引人，因為消費者並不需要水果（雖然他們需要食物，但不見得需要特定種類的食物）。一般人可能會選擇在這上面花錢，而不是花在其他奢侈的食物，例如冰淇淋，或者其他水果，例如蘋果。決定消費者怎樣花錢的一點就是價格。

在尼日的基本需求包括糧食、飲水、棲身之所，以及醫療衛生。

進入市場

　　當經濟學家用到「市場」這個名稱，他們是指任何真實或虛擬的地方，買賣雙方以商品與服務交換金錢。他們談論不同商品與服務的「市場」。舉例來說，有電力市場和摩托車市場。通常有許多賣方和許多買方。賣方努力吸引買方，在同樣的市場和其他賣方競爭，比如提供更有吸引力的價格、品質更好的產品等等。市場之間也有競爭，特別是在滿足「想要」而非需要的商品。

股市只是買賣雙方競相賣出貨品的情境之一。

經濟是如何構成的？

　　唯有在有人互動、生產並交換商品與服務，經濟才會存在。經濟有各種規模，從我們自己的家計經濟到範圍更大的地方經濟，都屬於國家經濟的一部分，而國家經濟又是全球經濟的一部分。

　　如果我們離群索居，自己種植糧食吃，自己做衣服穿，自己蓋房子住，自己照顧養育孩子，並自行處理醫療照護問題，那就沒有經濟活動。有了經濟，不同商品與服務的市場應運而生，交易的工具隨之出現（如今就是金錢，但是從前曾是以物易物——請見第1章），於是，分配資源的需求也出現了。

　　經濟學處理人——個人、社會及國家——如何分配資源的問題，以便生產滿足所有人想要與需要的商品及服務。經濟，要面臨三個重要的問題：

- **要生產什麼？**資源有限，所以必須謹慎分配。
- **生產如何安排？**製造商品及給予服務有眾多不同方式。一個經濟體會尋找最有效率的生產方法，並充分利用資源。
- **生產出來的商品與服務誰能受益？**有些商品與服務

是給大眾使用，有些則是給個人使用。社會中的財富分配就與這個問題有關。

Key Points

商品與服務

消費者把錢花在商品與服務上。簡單來說，商品是有形的物品，例如電腦、腳踏車、餡餅和啤酒。服務則是由其他人執行的活動，藉此為顧客效勞，例如剪髮、清潔窗戶、提供理財建議、在餐廳提供餐點，或是修理供暖系統。

經濟學的局限

經濟學並非如物理學一般的科學，新的理論可以透過實驗加以證明正確或錯誤。本書觸及的許多議題依然有待商榷，而且這些議題應該如何處理或解釋，不同經濟學家的看法往往南轅北轍。

就算是處理最急迫的經濟問題，比方如何挽救岌岌可危的國家經濟、或者對抗撒哈拉以南非洲的飢荒，經濟學家們也各有其想法與理論，各持己見而相持不下。經濟學是相當新的學科，而且經濟的演變發展快速。經濟學家還

> 經濟預測的唯一功能，就是讓占星學顯得高尚可敬。
>
> ——伊斯拉·所羅門（Ezra Solomon），史丹佛大學經濟學教授
> 1985

有很多仍未能正確理解的問題。

宏觀與微觀 .... **Key Points**

　　經濟學有兩大類別：

- **個體經濟學**（或稱微觀經濟學）是關於個人與企業的經濟活動及決策。包含的議題有：決定如何花錢、處理稅務與投資、觀察價格與成本等等。
- **總體經濟學**（或稱宏觀經濟學）是關於更大的議題，例如整個國家或整個產業的經濟結構，如石化業或農業。包含的議題有：就業、通貨膨脹、利率、國家財富及匯率等等。

Chapter 1

為什麼我們需要貨幣的幫忙？

人類所有的商業活動，是經濟學的根本，而用來
交易的貨幣，則是一筆交易得以完成的核心。它
不僅有交換價值，也有實用價值。

貨幣是一種代幣象徵，不管是實體還是虛擬，它可以在交易中使用。貨幣或許有其「內在價值」（intrinsic value），例如一片圓形黃金，或者只有象徵價值，像是一張印有花俏圖案的紙張。貨幣也可能沒有實體存在，例如虛擬貨幣比特幣（bitcoin）——獨立於主要銀行體系之外運作的一種數位貨幣。當然，就算是金幣的「內在」價值也受到文化影響。黃金在珠寶首飾與商務之外的用處有限，即便它現在也被用在電子產品上，但這個用途是在黃金最初被視為有價值之後許久才出現的。使用黃金製作王冠與珠寶比其他金屬容易，因為黃金柔軟且不會腐蝕——但塑膠也有同樣的特點。王冠與珠寶並非人類生存的必需品——它們不是「需要」。

以物易物並不順利

　　試著想像有個世界沒有貨幣的形式。如果想要某個你找不到、或是無法自己做的東西，就得說服擁有的人把那個東西給你。他們大概不願意免費給，但或許會用來交換你擁有的某樣東西——這叫做「以物易物」。如果你有一塊長毛象皮，而你想要一些西瓜，那麼可能會花上很長的時間才能找到有西瓜、又想要長毛象皮的人。如果有

西瓜的這個人想要個陶碗，你可能得用長毛象皮換來一個陶碗，然後拿碗去換西瓜（如果你能找到既有西瓜、又想要陶碗的人）。可以想見，以物易物很快就變成了曠日廢時又複雜，而且往往令人挫敗的浩大工程。這個稱為「欲望的巧合」（coincidence of wants）或「雙重欲望的巧合」（double coincidence of wants）的問題，使得以物易物的制度既龐大笨拙，又沒有效率。

於是，大多數社會都發展出某種交換機制，其運作的基礎就是人人都同意某種代幣（也許是瑪瑙貝）代表價值。這個價值可以在人與人之間讓渡，交換商品與服務。這樣一來，就能輕鬆用長毛象皮換來瑪瑙貝，再拿這些貝殼找有西瓜的人。西瓜農可以用貝殼買椅子、船隻或是雞，不管人們需要的是什麼。隨著社會中所有人都同意瑪瑙貝有價值，貝殼就成了交換的工具——或者貨幣。

貨幣的四種功能

一八七五年，英國經濟學家威廉・耶方斯（William Jevons）在他的著作《貨幣與交換機制》（*Money and the Mechanism of Exchange*）中，提出貨幣的四種功能。他表示貨幣是交易的媒介，價值的共同度量單位，價值的標準，

以及價值的儲藏。有些經濟學家主張，儲藏貨幣代表無法花用（交換），而花用代表你不能儲存（儲藏），所以這兩者互相排斥。但貨幣在不同情況下可發揮這兩種功能。

至於現代的方法，通常會舉出貨幣的三種功能：

- **交易媒介**
- **價值儲藏**
- **記帳單位**

稱貨幣為「交易媒介」（medium of exchange）是因為它促成商品與服務的交易（交換），充當如長毛象皮與西瓜等不同物品之間的中介物。至於「價值儲藏」（store of value），最重要的是無論選擇什麼當交易工具，都不能很快就變質或腐壞。這是人們選擇黃金作為交易工具的一個原因。如果選擇新鮮水果當交易媒介就不明智，因為水果很快就會腐爛。

經濟學家看出兩種價值：特定商品或服務的實用性（用處），以及商品或服務用來交換、獲取其他商品與服務的能力。任何用來當貨幣的東西都有其交換價值。而且如我們所見，可能也有實用價值。

黃金鎖鏈

　　十六世紀的哲學家湯瑪斯‧摩爾（Sir Thomas More）在他的著作《烏托邦》（*Utopia*）中，諷刺人類對黃金的貪婪。摩爾的烏托邦居民認為黃金令人腐化，所以將之用在無趣無魅力的用途：「他們的夜壺及馬桶是用金和銀做的……同樣的金屬，他們還拿來做鎖鏈和腳鐐給奴隸用；其中有一些奴隸帶著金耳環，當成惡名昭著的標誌，還有奴隸則是戴著相同金屬製作的項圈與頭冠。而且他們想盡各種辦法，不給金與銀任何敬重。因此，雖然其他國家在捨棄這些金屬時，彷彿要挖走他們的心肝，但烏托邦居民在情況需要下，全部上交自己擁有的這些金屬時，卻覺得像是捨棄微不足道的東西，或者如同我們看待損失一分錢一樣。」

　　《烏托邦》描述：「他們在沿海地區發現珍珠，在岩石中發現鑽石和紅寶石。他們不會主動去追求，但如果偶然發現了，他們會琢磨雕飾，給孩子當裝飾品，而孩子們在童年時期會喜歡這些東西。但是等他們到了有判斷力的年紀，發現只有孩子會用這些沒價值的玩意，自己就決定拋開那些了；此後也會恥於用那些東西，就

湯瑪斯‧摩爾

像我們這些長大了的孩子對待玩具一樣。」

最後，這個「記帳單位」(unit of account)的功能，意指必須有個始終一致的度量或計算貨幣的方法，而且可作為給其他物品定價的單位。這是貨幣的作用：我們用美元、英鎊、歐元、人民幣元、日圓等等計算金錢。

Key Points

當貨幣出問題

當一個經濟體衰退，物價可能上升到超出理性衡量的程度，而且每個貨幣單位能買到的東西會愈來愈少——交換價值下降。在這個情況下，貨幣本身不再是好的價值儲藏。典型的例子是一九二○年代的德國貨幣馬克。一九一八年花費一馬克的東西，到了一九二三年要花三十億馬克。結果，德國有些人開始用其他交易媒介，而棄用馬克（請見第14章）。

商品貨幣

當成貨幣使用的實體物品，稱為「商品貨幣」。也就是說，這個物品本身必定獲得承認有內在價值。歷史上曾被拿來當成商品貨幣使用的物品包括：

- **北美的鹿皮與水獺皮**。哈德遜灣有個正式的水獺皮交換比例。一塊水獺皮可以換兩把剪刀、五磅的

糖、二十個魚鉤或一雙鞋子；十二塊水獺皮可以買到一把槍。

- **裝飾性物品。**例如貝殼、鏡子、珠子及裝飾性腰帶。荷蘭商人在一六二六年向美國原住民買下曼哈頓島時，有部分的代價就是以珠子支付。

- **不容易腐爛的食品。**例如鹽、胡椒子、大麥、稻米、乾魚和牲口。

- **菸草與香菸。**士兵與囚犯經常拿香菸當作貨幣。在第二次世界大戰的一些戰俘營中，發展出以香菸建立的完整經濟體系。

Key Points

三顆人頭換一個龍紋罐

　　婆羅洲上的某些本南（Penan）族人，過去會用敵人的首級當祭品，獻給能影響稻米收成的神靈。奉獻首級是為了促進稻子生長，但也因為「人頭」有收買神靈的效用，所以成了有價值的物品。只不過，他們並沒有實際拿人頭交易，因為交易人頭被視為不祥。於是一顆人頭等於一個活生生的奴隸或俘虜，而奴隸和俘虜可以交易。有些物品有「虛擬人頭」的價值。「龍紋罐」是由中國引進、繪有龍紋的大型青釉容器，其價值為三顆人頭。如果有人殺了人，需要給失去親人的家屬三顆人頭，這筆債務可以用轉讓龍紋罐來清償。

太平洋島嶼雅浦島（Yap），使用車輪狀的石頭當貨幣已有數百年。有些石頭體積小，但有的非常大——直徑達三·六公尺，重量超過四千公斤。這些以石灰岩製作的貨幣，是在帛琉開採後進行雕刻，用竹筏運送到雅浦島。

石頭的約定價值依大小、製作工藝和歷史而定。矛盾的是，最有價值的石頭是那些運輸過程沒有出人命，以及出過最多人命的石頭。體積大的石頭鮮少移動；交易只是記錄所有權的變化。有一塊石頭甚至在運送到雅浦島的途中落海，但依然被用來做交易，因為能不能取得石頭並不重要。人人都知道它在哪裡、是誰擁有。一塊無法從海洋中取回的石頭，其所有權正是現今虛擬貨幣的早期範例。

現代貨幣

對大部分人來說，貨幣是以特定的通貨單位計算，美元、英鎊、歐元、日圓、人民幣元、里拉、第納爾等等。這叫「法定貨幣」（fiat money），進行交換的物品沒有任何內在價值，但是獲得一致認同，有運轉經濟的價值。

我們習慣了硬幣和紙鈔的法定貨幣，但是也漸漸地習慣了虛擬貨幣的形式。如今在已開發世界中，一般人比較不可能用現金支付。他們的薪水通常存在銀行裡，成了餘額中增加的數字，而且在實際消費時，往往是用卡片授權商家從餘額中扣除，或者設定轉帳代繳，或設定定期支付，讓債權方定期拿走部分餘額。我們或許有時候會提領部分現金，但對現在的多數人來說，現金並非首要的貨幣形式（請見第17章）。

漸漸地，貨幣與現實的實體世界脫離。貨幣現在大多是理論上的東西，而且存在的現金遠遠不及經濟體系中的「貨幣」。僅以電子紀錄持有的貨幣，稱為「銀行貨幣」（bank money），原因相當明顯。

銀行貨幣用在金融機構、政府、大型企業等機構之間移動貨幣。如果你用金融簽帳卡付給一家書店二十美元，在你的銀行和這家書店的銀行之間，並沒有實際金錢的移

動。整筆交易及所有類似的交易，都是用銀行貨幣完成。

銀行擠兌

　　在電影《歡樂滿人間》（*Mary Poppins*）中，班克斯先生（Mr. Banks）的兒子麥克不甘願把錢存在銀行。麥克要求拿回二便士時，銀行經理從他的手中搶走。目睹這一幕的顧客誤會情況，以為銀行無法承兌年輕顧客要求的二便士。結果銀行發生了「擠兌」，也就是大家在同一時間都想取回自己的錢。簡言之，這就是造成銀行擠兌的原因：太多存款戶同時想拿回自己的錢，銀行無法立刻承兌所有款

人性的恐慌是導致銀行擠兌的主要原因。

項。發生擠兌通常是因為人們對銀行失去信心，然後成了自我應驗的預言。事實上，無論何時若「所有顧客」想從銀行拿走自己所有的錢，銀行都沒辦法承兌存款。不管什麼時候，通常只有少數人想拿回自己的錢，其他人都相信若有需要，必定能夠取得。如此一來，這個假象與銀行體系便得以維繫。

　　真正的銀行擠兌相當罕見。一八七二年在加拿大，蒙特婁市行政區儲蓄銀行（Montreal City and District Savings Bank）發生過一次擠兌；一九三〇年代大蕭條時期，美

國也曾有過銀行擠兌。至於二〇〇七年英國北岩銀行（Northern Rock）、二〇〇八年冰島主要銀行之一的國民銀行（Landsbanki），以及二〇一五年的希臘銀行，發生的銀行擠兌情況則略有不同。

有多少貨幣存在？

簡單來說，只要大家相信，銀行貨幣就存在。如果我們都不再相信它，只想要現金，整個體系就會崩潰，因為貨幣並非真正存在（端看你對「真正」的定義如何）。

究竟存在多少貨幣，有不同的說法，因此對於何為「真正」也有不同說法。美國最重要的兩種貨幣供給衡量基準是 M0 與 M1。其他國家則採用類似的衡量基準，有時候會有額外的分類：

- **M0** 是錢幣與紙鈔加總的現金總存量，由個人持有或存放在銀行與銀行儲備。全世界的 M0 大約有五兆美元。
- **M1** 包括 M0 與容易轉換為現金的資產（例如可在二十四小時內存取帳戶的銀行存款）。M1 大約有二十五兆美元。

- **M2**包括M0與M1，以及較長期、流動性較低的資產，例如停泊在儲蓄帳戶的資金。M2大約有六十兆美元。

Key Points

資產與負債

　　資產是任何可以擁有、並產生價值（金錢）的東西。資產包括：房屋、銀行裡的錢、某人答應償付的承諾，或者製造東西的機器等。

　　負債則是資產的相反。負債是需要成本、或有義務以金錢或其他工具支付的某樣東西。負債包括：未償付的房屋抵押貸款，或者答應買給某人的禮物、免費發表演說的承諾等。

　　資產與負債一定相對等：你的抵押貸款負債等同銀行的資產——對你房子的價值有部分所有權。如果你欠款二十萬美元（負債），銀行在這間房子就有價值二十萬美元的資產。

Chapter 2

從「製造」物品開始的經濟活動

人類為了生存，必須製造各式各樣的物品來過日子。我們學會利用身邊的免費資源做出各種工具，並賦予它們交易的價值……

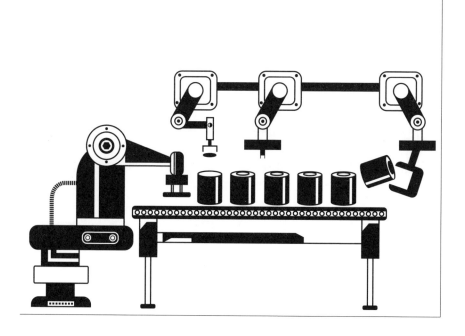

我們久遠以前的祖先在曠野中流浪，採集漿果與樹根，並追捕行動緩慢、容易獵殺的動物。到了某個時候，他們發現磨尖的石頭與樹枝可以更輕鬆地獵取到動物、取火烹煮獵物又比生食更美味。投入時間磨尖石頭和製作長矛的人，就是做了早期的經濟決策：犧牲時間和勞動、利用免費資源（石頭和樹枝），做出了製成品。製作長矛的機會成本，就是可以用來做其他事情的時間。

長矛的效用（長矛對個人的益處）比石頭、樹枝，以及製作的勞動效用更大，因為將來更容易取得食物又節省時間。所以製作長矛增加了價值：這就是「製造業」的明確特徵。

事業的開端

一個擅長製作長矛的熟手，或許也會替團體中的其他成員製作長矛，可能是換取獸皮來穿，或者換取食物。長矛既有實用價值又有交換價值。

在這個早期企業家的例子中，我們可以看出幾個經濟活動的基本要素：

- **利用物品**：石頭和樹枝

- **使用勞動**：製矛者花了力氣
- **製作製成品**：長矛
- **代表性資本**：長矛
- **增加實用性**：長矛的好處
- **提供收益**：獸肉和獸皮
- **促成交換**：長矛換取獸皮或獸肉

生產要素

經濟學家會談論「生產要素」（factors of production），也就是製造任何製成品的要素。新古典經濟學認為生產有三個要素：**土地**、**資本**，和**勞動**。

「土地」不但包括土地本身，還有地面、土地之上，或是從土地之下獲取的任何東西。意思就是自然資源，像是生長在土地上的樹木和地底下的石油，都算是土地。對於製矛者來說，樹枝和石頭都來自土地。

「資本」是可以用來生產商品以獲取更多商品的一切東西。資本財（capital goods）在製造更多物品時不會用完（但是最後可能會損耗殆盡）。在現代世界中，資本包括大型物品，例如工廠廠房、機器與運輸工具（卡車與拖拉機），以及小型物品，例如園丁的工具和畫家的畫筆。對

我們的祖先來說，製作完成的長矛是資本財，因為會用它來獲取食物。

「勞動」是人類投入製作東西的行為。如果你為自己做一樣東西，你付出的努力就是涉及的勞動。在為雇主工作時，就是出賣勞動換取薪水（即使是以月薪支付或一次性的費用，經濟學家都稱之為「薪水」）。早期的製矛者利用的是自己的勞動。

定義資本

資本的傳統狹義定義——生產商品時沒有用完的東西——在比較新近的經濟思維已經被淘汰。「無形的資本」現在也被納入，例如個人受訓練執行特定職責的技能，或者一家公司與顧客及供應商應對往來，由此累積的商譽等。現今經濟學家所謂的資本包括：

- **金融資本**（financial capital）：以金融資產型態呈現的資金，包括銀行帳戶裡的錢、投資人借貸的錢，以及其他人支付金錢的債務。
- **自然資本**（natural capital）：在環境中自然產生，讓所有人富裕的資產。例子有樹木、水和石油。

- **人力資本**（human capital）：涵蓋人類天賦、知識，以及社交互動中所有層面的價值。人力資本還包括一些分類，例如：**社會資本**，特點是人類有價值的互動，像是品牌忠誠度和商譽；**教學資本**，或**智慧資本**，也就是教學或知識的傳遞；**個人資本**（individual capital），則是由個人與生俱來的珍貴技術、能力和知識所組成的。這與勞動密切相關，有些經濟學方法並不區分這兩者。

　　開創先河的蘇格蘭政治經濟學家亞當·斯密（Adam Smith），則是將資本區分為「固定資本」（生產中不會耗盡的物品，例如工具和工廠）與「流動資本」（生產中會耗盡的物品，例如原物料）。

　　整個國家的資本，包括人人都能受益的商品，例如道路與鐵路的基礎建設，電力與供水等便利設施，以及公立學校和醫院等。

勞動：以人為中心

　　新古典經濟學並未將提供勞動的人，當成等式中特別重要的一部分。該學派將資本視為經濟活動的中心。一般

來說，工人被當成資源，可以輕易被取代或更新，一個工作單位可用另一個替換。

德國政治哲學家馬克思（Karl Marx），曾與恩格斯（Friedrich Engels）共同著作《共產黨宣言》，馬克思在思考生產時，考慮勞力的使用多於資本的利用，他將生產要素定義為勞動、勞動對象，以及勞動工具。同樣的，「勞動力」就是做工作的個人；「勞動對象」則是為了製造某樣東西，而進行勞動的標的物品（原材料）。

舉例來說，在咖啡處理場，咖啡豆是勞動對象；勞動工具是用來執行工作的器具、建築物和機器（資本資產）。在處理咖啡豆時，烘豆機和使用到的其他機器就是勞動工具。馬克思將勞動增加的價值，列為經濟中商品與服務的價值核心。他認為所有商品都代表「凝固的勞動力」（congealed labor）。

樹枝、石頭與經理人

給自己製作長矛的製矛人，只使用土地上免費可得的自然資源，加上自己的勞動力。如果他蒐集了大量適合的樹枝和石頭製作成長矛，根據亞當・斯密的定義，這批蒐集來的物料就代表「流動資本」。

現在，假設有人發現這個製矛人非常擅長製作長矛，但因為製矛人還有其他事情要做，例如採集和烹煮食物、取水及保護孩子不受掠奪者之害等，他每天只有短暫的時間能專心製作。於是，這個具有創業精神的中間人或「企業家」，可能提議承擔其中一項活動（保護孩子），換取製矛人額外製作的一部分長矛。接著企業家用一支長矛找人來照顧孩子。

現在這位企業家沒有任務要做，但因為充當製造者（製矛人）與服務提供者（兒童照護者）的中間人，獲得長矛的利益。這就是現代經濟學家所謂的「企業家資本」（entrepreneurial capital）。也就是說，「充分利用」生產的，就是組織的管理層。

企業家什麼事都沒做嗎？

雖然上述那位中介長予的企業家看起來像是什麼都沒做，但其實他：

- 看到了機會
- 想到辦法加以利用
- 找到可以一起合作的不同角色

- 調查了兒童照護者
- 處理支付費用給兒童照護者的事
- 監督確保兒童照護者勝任他的工作
- 監督長矛的品質和生產速度

製矛者利用的是自然資本（樹枝與石頭），企業家利用的是人力資本（製矛者與兒童照護者）。

企業家可能是充當仲介，從生產的長矛中收取一定的比例，或者身為雇主，甚至提供樹枝與石頭，讓製矛者留下一定數量的長矛當薪資。在最後一個情境中，企業家成了資本家——擁有生產工具並投入使用，為自己創造利益，過程中支付酬勞給勞動者。

就我們所知，或許很久以前就有所謂的「企業家」，但一般都認為，這種經濟活動是隨著西方社會採用較成熟的商務形式之後，才漸漸發展而成的（請見第6章）。

> 一個人期望終能給自己帶來收益的那部分股本，就稱為他的資本。
>
> ——亞當・斯密《國富論》（The Wealth of Nations）

拜長矛與長槍製造者（或許
還有出售武器的企業家）的
努力之賜，昔日的屠龍者可
以完成大業並全身而退。

新古典經濟學 ..... **Key Points**

　　新古典經濟學是目前主流的經濟思想學派。該學派認為供
給和需求，以及個人追求利益或效用最大化的欲望，是經濟活
動的核心。該學派廣泛使用數學和圖表，而建立模型的基礎，
是認為人的行為永遠都是理性的。這個假設遭到批評，因為人
的行為是針對複雜的刺激與偏誤做出的反應，並非時時完全理
性。新古典經濟學備受指責的是，「引起社會不平等與貧窮」，
因為該學派認為假以時日，市場力量將提供足夠的工人權益等
等。其他門派方法則大多被集合放在「異端經濟學」（heterodox
economics）這個概括性術語之下。

Chapter 3

供給與需求
是如何運作的？

在一個自由市場中，經濟情況會按照「供需法則」
進行變化。一樣商品的需求會隨著價格上漲而減
少；隨著價格下跌而增加……

每個經濟體運作的成功或失敗，都是遵循著哪裡有需求，就供給商品、服務與資源的流程。因此，供給與需求成了經濟中發揮作用的主要力量。

需求曲線

我們從日常經驗中知道，商品的需求會隨著價格上漲而下滑：一樣東西愈昂貴，我們往往買得愈少。經濟學家畫一條向下斜坡的需求曲線，來表現我們想要一樣物品的數量及其價格之間的關係（雖然稱為曲線，但通常是一條直線，如下圖）。

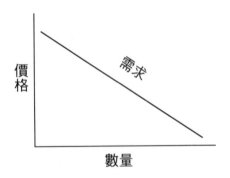

需求曲線適用於各種事物，不單只是銷售的商品。例如勞動，也同樣適用。當勞動的價格——薪資——居高不下，工人的需求就偏低。隨著價格下跌，需求也增加。

供給曲線

　　還有一條方向相反的曲線，表示供給如何隨著價格變化。當一項商品只要求低價，願意供應的生產者就較少，所以供給的數量下降。隨著價格上升，有更多人決定銷售，於是供給也跟著上升，如下圖。

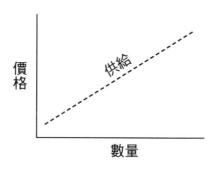

移動曲線

　　有些情況會導致需求或供給曲線移向右邊或左邊。如果大家有更多錢（假設收入增加），需求曲線可能移向右邊，但形狀維持不變。數量與價格的關係相同，但整個曲線的所有點上，銷售的絕對數都增加了。其他變化也可能影響曲線。燠熱的夏天可能將啤酒的曲線移往右邊（如下圖）；同樣的價格，因為大家更想喝啤酒，所以願意買更多。如果收入減少，曲線會隨著需求下降而往左移。

供給曲線也可能發生同樣的情況。如果水果大豐收，供給曲線會隨著價格下跌，整條曲線往右移。若是短缺匱乏，曲線則會往左移。

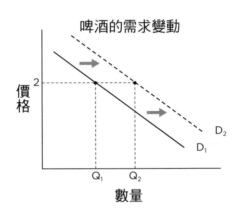

啤酒的需求變動

供需平衡

只要商品能在買方與賣方都滿意的價格買到，供給與需求曲線會在某一點交叉，市場就存在。在同樣的座標軸上畫出供給與需求曲線（如下圖），顯示價格與數量兩者在哪裡交叉。這就能明確定出商品的市場。所有可以買賣的事物，都能畫出同樣的X狀圖。

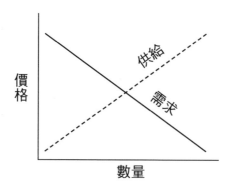

供需兩條線交叉的那一點稱為「平衡點」(equilibrium point)，代表可能賣出多少商品，以及可能賣得的價格。

我們假設圖表顯示的是鳳梨的供給與需求曲線。當鳳梨的價格高，需求就低。隨著價格下降，需求的量會增加。當價格低時，少有生產者願意供應，因此供給量低。在供給與需求曲線的尾端之間有個大缺口，代表想以低價買鳳梨的人，但因為沒有足夠的量而感到失望。

隨著價格上漲（Y軸往上移），有更多生產者願意供應鳳梨，但是想買的消費者變少了。在價格軸線的頂點，則是另一個大缺口。這代表鳳梨供應過多，未能在這個價格賣出，因為沒有足夠想買的人，無法買下生產者願意供應的所有鳳梨。

甜蜜點

在平衡點上，這個價格有足夠的人付得起，供應者也有能力生產，因此有足夠的鳳梨可以滿足需求。在這個價格點，如果生產了更多鳳梨，供給會超過需求，過剩的鳳梨依然賣不出去。下圖的陰影區域代表生產量增加到Q點時，無法賣出去的鳳梨。

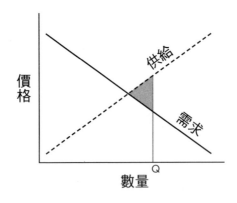

任何市場都會自然被吸引到平衡點，除非受到干預或經過人為改變（例如，政府對生產的補貼）。

平衡點又稱為「市場結清點」（market-clearing point），因為在這一點上，所有供給的數量都應該能售出，將市場清空——沒有失望的買方，也沒有賣方堆滿了賣不出去的商品。實際上，平衡並不穩定；供給、需求和價格的不斷

變化，導致平衡在變動。

供給、需求與競爭

稀有資源的競爭會影響價格，而且明顯關係到供給與需求曲線。如果可用的工人比職缺多，工人的供給大於需求，就會有職缺上的競爭。這（理論上）會壓低薪資。如果有大量的職缺但工人不足，勞動力的供給太低，那就有對工人的競爭。薪資會因為雇主爭相吸引工人而上漲。

如果大家想要的產品匱乏不足，例如糖或瓦斯，價格會上漲；大家爭相搶奪，願意付出比平常更高的代價。如果某樣產品比大家想買的數量還多，價格會下跌。這樣的關係可用來操控市場。例如若政府想要更多人借錢，就可以降低利率。其概念就是市場力量會起作用：供給與需求會調整，直到一切都達到合適的水準。

進入市場與離開市場

一項物品的供給通常無法只因為大家想買更多、或買更少，就能立刻做調整。需求的變化通常會鼓勵生產者離開或進入市場，導致供給的變化。有時候這種情況輕鬆快速，但通常不會。

當能買到的鳳梨非常少，需求超過供給，就會創造出競爭，鳳梨的價格因而上漲。以前述的供給曲線來說，左側的數量低（X軸）、價格高（Y軸）。這對鳳梨的供應者是好事，但對消費者並不好。在這個點上，其他交易商會進入市場，因為他們看到有機會靠供應鳳梨滿足需求而賺錢。現在供給增加了。但是願意付出非常高價買鳳梨的人不夠多，所以要賣出現在過剩的鳳梨，價格就得下降。

如果有很多新供應者進入鳳梨市場，就會出現供過於求的情形。這就是上述圖表的右側——現在鳳梨數量比大家想要的更多，若要賣掉鳳梨，供應者必須大幅調降價格。但如果價格降得太低，有些供應者將無力經營鳳梨買賣而離開市場。於是供給減少，價格就能再次上漲——市場找到新的平衡。

移動曲線

如果市場達到平衡點，而該物品的價格出現變化，平衡就會順著需求曲線移動。如果一項物品的價格上升，賣出的數量可能變少；如果價格下降，可能賣出更多。

當外在情勢對市場造成衝擊，就可能會發生這種情況。舉例來說，如果鳳梨的市場處於平衡，但是後來一場

颶風摧毀許多作物，供給會下跌，但價格可能沒有變化（但是之後可能會變化）。

有些商品的供給／需求也有季節性變化。覆盆子在夏天盛產，所以在這個季節往往較便宜。到了冬天，覆盆子得靠進口。供給較低，成本變高，於是價格也更高。冬天願意付出更高的價格買覆盆子的人也較少，於是又找到了新的供給／需求平衡。

經濟學與大眾

從理論來看，很明顯——如果想買鳳梨的人太少，供給會調整到生產適量的鳳梨，好讓所有鳳梨售出的價格，可使種植鳳梨有利可圖。這裡忽視的是人力成本：「過剩的」農人被迫陷入貧窮，可能走上一條焦慮、沮喪和絕望的路，不知道究竟該繼續種植鳳梨，還是在如今無利可圖的土地上改種其他作物。農人大概不會故意在飽和的市場種植鳳梨。他們開始種植鳳梨，是在有需求時，或者生產方法比較沒有效率、且市場尚未充斥鳳梨時，也有可能是因為政府提供他們獎勵而種植鳳梨。

此外，「勞動」雖然也是一個市場，勞動卻是由人提供，由人生產所有我們購買的商品與服務。倫理經濟學

（ethical economics）在施行時，必須考慮到人員及人數——這個時候，經濟形勢變得政治。在生產的某些領域提出如「公平貿易」（fair trade）等倡議，是為了保護開發中世界的生產者，避免在頻頻出現強取豪奪的全球市場中，遭遇貿易中最惡劣的一面。

Key Points

亞當・斯密

斯密是蘇格蘭哲學家及政治經濟學的先驅。一七七六年，他出版了第一本現代經濟學教科書《國家財富的性質和原因之研究》（*An Inquiry into the Nature and Causes of the Wealth of Nations*, 通常稱為《國富論》）。他提出自由市場經濟學的依據，並解釋「理性的利己主義」與競爭，如何創造財富和經濟繁榮。在最初解釋市場競爭時，他說明競爭如何導致最有生產力的資源分配。如果一組原料、工人和投資可以有好幾種不同的用途，競爭會確保以最有利可圖的用法為主。斯密極為有名的是提出市場上有一隻「看不見的手」在作用，透過個人的利己行為促進對社會的利益，他寫道：

「每個人……都只想著自己的利益，而他在這個情況、以及其他種種情況下，由一隻看不見的手引導，促成了不在他原本意圖中的目標。」

沒有那麼簡單

理論上，市場會自然而然地往平衡價格靠攏，但在實際上，其他因素通常會干預市場，而市場力量還不足以克服這些因素。因此，最理想的供需平衡未必都能（或許是很少）達到。

市場不會單獨存在，而人也不會總是理性行動。已開發世界的人沒有鳳梨也能過生活；鳳梨是享受，不是必需品。有多少人買，會受到市場上其他替代品的影響，例如其他種類的水果。如果其他所有水果的價格都上漲，鳳梨顯得相對便宜，就會有更多人選擇買鳳梨。但其他因素也會影響大家的選擇，包括：

- 有衛生恐慌（鳳梨有殺蟲劑污染）。
- 頗受歡迎的電視大廚推廣一道鳳梨食譜。
- 關心鳳梨田工人福祉的輿論發酵。
- 新聞報導指出鳳梨對健康非常好。
- 吃鳳梨很時髦的流行產生。

諷刺的是，若吃鳳梨只是想讓他人欣羨、顯示自己「高人一等」，那麼就算鳳梨價格上漲，需求也可能增加。

時間很重要

如果一項產品的需求改變，供給可能也會配合跟著改變。但供應者必須知道需求的變化究竟是長期趨勢，還是短期的熱潮。舉例來說，如果有一年冬天特別多雨，雨靴的需求大概會增加。不過，只是一個季節多雨，並不會吸引更多製靴業者投入市場；設立新的工廠製造雨靴，需要比這更長的時間。

更有可能的是已經在製造靴子的企業，會支付加班費給現有的員工，並且雇用臨時工提高產量。但如果降雨量提高已變成常態，會有更多製靴業者被吸引投入市場。雨靴銷售保證會長期增加，就值得為這項業務創立新公司，並讓現有的生產者擴張以滿足新的需求。

劣等財

一般人如果負擔得起，通常喜歡買些品質還不錯的東西。如果負擔不起，可能被迫買品質較低的東西。這些就稱為「劣等財」(inferior goods)。例子之一，就是商圈中折扣商店裡廉價製造的衣服。劣等財的需求曲線不會循著一般模式，在所得增加時向右移動。當我們負擔得起品質較好的商品時，就會去買更好的商品——劣等財的市場會隨

著所得增加而減少（曲線向左移動）。

需求的彈性

產品價格的變化影響供給與需求的程度，稱為「價格彈性」（price elasticity）。如果一項產品非常有彈性，價格的任何變化都會導致需求的重大變化，供給的任何變化對價格也會有重大影響。

最可能出現這種情況的，就是替代品輕易可得的商品。舉例來說，如果蘋果汁的價格上漲，許多人會換購其他果汁。價格上漲一〇％，可能導致需求下跌二〇％或者更多。如果價格一個百分點的變化，會造成更大比例的需求變化，這個需求就被視為有價格彈性；如果造成的需求變化比例較小，則是缺乏彈性。

有些商品短期缺乏價格彈性，但長期有彈性。如果驟然轉換成其他產品不切實際，就會發生這種情況。舉例來說，即使油價明天翻漲一倍，消費者還是得把油箱加滿。他們或許會縮減非必要行程，但大多數人還是會進行必要的旅行。所以需求可能下降，但是不會減半。但如果變化明顯是長期性的，就會慢慢導致需求永久性轉變，因為大家會改開更經濟的車輛或使用大眾運輸工具；汽車製造商

也會開發更省油的替代選項。因此長期而言,價格上漲對需求的影響更重大。

許許多多的市場

一個經濟體包含許多不同產品的許多市場。所有市場都遵循相同的供需法則且環環相扣。有時候彼此間的連結顯而易見:如果鋼鐵的供給減少,以鋼鐵製造的汽車,供給也會減少,汽車的價格將會上漲。

相對的,有些連結則沒有那麼明顯——如果牛肉的需求增加,牛肉的價格將會上漲,於是供給又會增加,因為牛肉生產者企圖將擴大的產品市場變現。同時,也會生產出更多皮革,因為這是增加牛肉生產的副產品。皮革的供給會增加,而其需求卻沒有跟著增加,價格將會下跌。

勞動市場

勞動力也有其市場(雇員提供的勞動),就像商品與服務的市場一樣。如果有大量的工人可用,也許是因為失業人數增加,或是廉價勞力大量湧入,薪資就會降低。在高就業率時期,由於勞力缺乏,雇主就得付出更高的薪資吸引工人投入。

同樣的，供給與需求曲線是簡化了的模型。因為它可能呈現了高失業率，卻無法呈現出具有特定技能的工人匱乏不足——例如訓練有素的護理師。失業者不可能在短時間內重新訓練護理師的專業技能，並補上這些空缺。目前許多工業國家熟悉的情境就是：沒有特殊專長或半熟練工人的供給過剩，而具備必要專業技能的工人卻嚴重不足。

　　在有些行業中，求職的人始終比他們能找到的職缺還多。舉例來說，想當足球員、演員、作家、歌手或藝術家的人永遠不缺。許多想要做這類工作的人都擁有必要的才華，只是沒有足夠的工作機會可以分配給他們。因此，這些行業從業人員的薪資多數都會偏低——供給過剩意味著他們能輕易地被取代。

Chapter 4

商品的成本真的能夠反映它的價值嗎？

對生產者來說，一樣商品的價值可用生產時耗費的成本來衡量。但對消費者而言，價值是由他們期望從商品得到的益處來決定……

日常生活中，商品與服務的價格通常由市場決定。物品的價值與成本則有其複雜的關係，反映在價格上。

買方與賣方

如果你去可以討價還價的街市，或者在線上拍賣網站買東西，就已經習慣商品價值不固定的概念。這取決於買方願意付出多少，以及賣方願意接受什麼樣的價格。一般來說，買方與賣方會接受一個價錢範圍；只要這些價格在某一點相符（交叉），就能達成交易。

$0	$1	$2	$3	$4	$5	$6	$7
願意買							
			願意賣				

在這個例子中，買方與賣方可以在三美元到四・九九美元之間的價格達成交易。低於三美元，賣方不願意賣；到了五美元或更高，買方不願意買。東西的價值就介於能賣出的最高價與最低價之間。

經濟學家給這些價值做區別。由買方給商品或服務設定的價值，是他或她願意支付的最大數，代表的是「經濟價值」（economic value）。而在另一端，「市場價值」

（market value）則是賣方肯定會賣的最低價。

經濟價值

衡量一樣東西給買方帶來的益處或效用，稱為經濟價值。當然，這會因買方的不同、以及情況的不同而有差別，但是「平均水準」通常能判定一項物品的價格。舉例來說，假設一小瓶飲用水平常賣一美元，但是在大熱天的音樂節上，瓶裝水輕輕鬆鬆就能賣出一瓶二美元，因為大家口渴又沒有其他水分來源。相反的，在凜冽寒冬中，瓶裝水說不定根本賣不出去。

新古典經濟學認為一項物品的經濟價值，就是在「完美、有競爭的市場」中獲取的價格──所以等於主流價格。

市場價值

市場價值通常低於經濟價值──那是消費者買東西可付出的最低價格。對賣方來說，市場價值是他們期待物品能賣得出去的價格。有可能他們以低於預期的價格賣出物品，但是以市場價值製造、行銷及運送，必定還是划算，否則他們就沒有任何利潤了。

有麵包、沒奶油

物品的價值與市場，鮮少完全不受其他因素影響。舉例來說，如果麵包出現短缺，奶油和其他抹醬的需求（乃至於它們的市場價值）可能多少會下降。消費者花錢買某樣東西的能力，也取決於他們賺多少錢。比方說，租金和抵押貸款是必須支付的帳單，所以這些若是都上漲了，能夠花在非必要事物上的錢就少了。非必要物品的需求和市場價值，可能跟著一起下跌。

替代財與互補財

有些商品的供給、需求和價格曲線相互關聯。

「替代財」（substitute goods）是指那些可以取代另一種商品的東西：如果義大利麵的價格上漲，或者供給受限制，當成替代財的稻米銷售可能增加。

「互補財」（complementary goods）是指那些會順便跟別的東西一起買的物品，所以其中一樣物品的供給、需求和價格曲線，會影響另一樣物品的銷售。

如果義大利麵的供給下降，義大利麵醬料的銷售也會下降，因為麵醬通常只會跟義大利麵一起使用。反過來說

也是一樣。如果電影票的價格下跌，電影院大廳的爆米花銷售會上升，因為大家會更常去看電影。

完美市場 ‥‥‥‥‥‥‥‥‥‥‥‥‥‥‥‥‥‥‥‥‥ Key Points

經濟學家通常會使用「完美、有競爭的市場」的概念，意思是指市場有最大程度的競爭，卻沒有扭曲失真的因素。完美的市場有以下定義：

- 所有參與者對種種情況都有完整的認識。
- 生產者與消費者會做出理性的決策，將自己的利益（消費者的實用性及生產者的利潤）最大化。
- 生產者與消費者可隨時自由進出市場。
- 所有產出都完全相同且可互相替換。
- 所有投入單位，包括工人，都完全相同且可互相替換。
- 市場上有許多公司。
- 沒有一家公司能影響市場價格或市場行情。
- 沒有政府管制。
- 沒有外部成本或利益。
- 公司長期只能獲得正常利潤。

不過，這種情況永遠都不可能達成，因為真正的市場差異太大、太過複雜又變化多端。

生產成本

對供應者來說，例如製造商或農人，一項物品的價值可以用生產它所耗費的成本來衡量。如果供應者的事業要成功，就必須回收生產成本。若要獲利，銷售商品的所得就必須高過於生產成本。

Key Points

邊際效用 ·········

一件物品的價值未必在你每一次購買它時都一樣。特定種類的物品，每增加一個你所得到的效用（滿足）變化，就稱為「邊際效用」（marginal utility）。如果你肚子餓，吃一個三明治可以得到高度的邊際效用。但是吃第二個三明治，得到的邊際效用就較少了，此時你大概不會想繼續吃下去。如果你不想吃卻又被迫吃第三個，從多吃的這個三明治開始，你得到的就是負面的邊際效用。

「生產成本」是原物料、製造商品所用的資本（土地、設備等等），加上包括生產者本身的勞動在內、製作與行銷商品的勞動成本，加總起來的全部成本。

假設有人以一星期一件的速度，製作手工訂製的搖搖馬。原物料（木料、油漆、亮光漆、皮革、金屬零件）的成本為七十美元。她以一星期一百美元租下工作坊。她

的設備成本以使用壽命平均下來，一星期是二十美元（即「折舊資本」）。其他營業費用，如電費、廣告等等，一星期共計三十美元。她沒有雇用其他人，自己的勞動估價為一星期七百美元。所以她每一件搖搖馬的售價，至少要有九百二十美元（70 + 100 + 20 + 30 + 700），否則就會賠錢。事實上，她將每件搖搖馬的價格定在一千一百美元，代表九百二十美元的成本加上一百八十美元的利潤。

對消費者的價值

對消費者而言，價值是由他們期望從物品得到的益處來決定。這就要考慮到「機會成本」（他們為了買這個物品而放棄了什麼）。在選擇搖搖馬時，消費者要判定他們（或他們的小孩）從手工製作的搖搖馬額外獲得的快樂滿足，是否足以證明花費那一千一百美元值得，而不是用低於一百美元的價格，從路邊攤買一個工廠製造的搖搖馬。如果他們買了便宜的搖搖馬，就多了一千美元可以用在其他事物上。

許多消費者負擔不起昂貴的搖搖馬，所以沒有這個問題。有些人覺得手工製品之美值得多花錢，或者希望將它當成傳家之寶，抑或有意當成一種投資。有一些人負擔

得起，不用擔心成本。無論如何，以這個價格買下的人，就是定下了他們從搖搖馬得到的效用價值是「一千一百美元」。

Key Points

折舊資本

「資本財」會耗損折舊，也就是它們的價值會隨著時間減少。製造業者在考慮生產商品的成本時，必須考慮到資本財的折舊。即使資本財可以用上很長一段時間，購買、修繕、保養，以及最後汰換的成本，推算時都必須納入考慮。

假設給一間工廠配備製造塑膠梳子的機器，成本是一百萬美元。工廠一年可製造五百萬把梳子，機器能用上二十年才必須淘汰。機器的成本以使用期限平均分攤，所以一百萬美元除以一億把梳子（500 萬 ×20 年），等於每把梳子一美分。在設定每把梳子的價錢時，這一點連同其他所有成本都必須納入考慮。

衡量效用

有些經濟學家企圖從純粹的財務面來衡量效用，在此結構下，擁有一件美麗物品的「美感益處」沒有任何價值，因為它給出的估價會顯得很怪異，而且會和和市場價值相去甚遠。

假設一個主修生物學的學生花了七十五美元購買一本教科書，但後來他決定放棄生物學，所以教科書始終沒有用到。在他決定把這本書處理掉時，發現它已經被淘汰、沒有轉賣的價值（零元）。他把書給了一家義賣商店，商店給書標上一美元出售。一個青少年買了這本書。這本書啟發她轉換跑道攻讀生物學，而她一生因此賺到超過五萬美元。對她來說，這本書帶來了五萬美元的效用，所以非常有價值。這麼說來，這本書的價值究竟是多少？零元、一美元、七十五美元，還是五萬美元？

無所不包的價值

另一個計算價值的方法最早由亞當‧斯密提出，又被馬克思吸收採納──也就是從生產所用到的勞動，計算一個物品的價值。

這個方法稱為「勞動價值論」（labour theory of value, LTV）；它衡量生產商品或服務時牽涉到的所有勞動的價值，包括製造相關資本所需要的勞動。假設計算吹風機的LTV，必須納入的數字就包括：機器與廠房的建造、電子設備的設計、工廠餐廳的營運，用石油生產塑膠等等。LTV是「異端經濟學」的一個特點。

使用價值與交換價值

馬克思區分出使用價值和交換價值。「使用價值」（use value）是衡量某物對我們有多大的用處——帶來多少效用或好處。「交換價值」（exchange value）是我們拿一樣東西與另一樣東西對比時提出的價值。通常我們是從金錢思考交換價值，例如我們可以用十美元交換一本書，或者換到在咖啡廳的一餐。書和餐點有同樣的交換價值。

經濟泡沫

就像大多數的經濟理論，使用價值與交換價值之間的平衡，有賴眾人在理想的市場行情中理性行動。但一般人未必都能理性行動。在經濟「泡沫」中，大家為商品付出過高的價格，因為他們認為將來價值會上升。等到價值下跌，大家就剩下沒有價值的物品了。

一九九〇年代的「網路泡沫」，網際網路相關公司的股價飆漲，就是這種現象。投資人看到其他人在網路上發財，於是一股腦兒跟著買股票，包括那些沒有完整營運計畫、沒有成功遠景的公司。結果，這些公司被過度高估，很快就破產倒閉。

與價值有關、顯示大眾行為不理性最奇異且最悲慘的

例子之一，發生在十七世紀。鬱金香在一五九三年從土耳其引進到荷蘭，隨即大受歡迎。到了一六〇〇年代，鬱金香感染一種病毒，導致花瓣出現色斑。當時認為受感染的鬱金香更吸引人，所以能獲得更高價。隨著鬱金香的風潮升溫，價格也水漲船高。一個月後，鬱金香的價格翻漲了二十倍。大眾深信其價值會繼續增加，就連以往未參與交易的人也開始競相投資鬱金香球莖。

在狂熱的最高點時，投機者將畢生積蓄投入鬱金香，甚至賣了一棟房子就只買一顆球莖。一顆球莖轉手就是五千二百弗洛林幣（florin）。當市場來到底部的時候，主要投資人大受打擊，有些甚至傾家蕩產。那是史上第一次

商品熱潮與崩潰，但肯定不是最後一次。在這所謂的「鬱金香狂熱」期間，鬱金香的使用價值被人忽視，交換價值卻瘋狂膨脹。貪婪與恐懼的組合，點燃一波難以為繼的交易熱潮，就因為使用價值與交換價值的落差，迅速發展到如此巨大的規模。

豆豆娃：被操弄的價值

　　泡沫現象也可能被人刻意利用。一九九○年代，許多人搶購「豆豆娃」（beanie babies）——由一家名為Ty公司生產的厚毛絨小玩偶。聰明的行銷策略說服大眾相信：豆豆娃將來大有價值，所以是一種投資。Ty公司做了許多不同的設計，但每一種都只能在限定的時間內買到，然後就「下架」並釋出新款。如此一來就創造出稀有性，玩具的交換價值便能增加——事實果然如此。「下架」的豆豆娃轉手時要價數百美元。豆豆娃的交換價值被人為操縱到高得離譜，但它的使用價值卻非常低。至今許多人仍有成箱的玩偶。豆豆娃的「價值」只存在於市場的泡沫之中。

價值的其他衡量標準

　　我們側重以「金錢」或「交換價值」來衡量價值，有部分是因為沒有其他公認的衡量標準。有些經濟學家試過以人為的名目單位衡量效用價值，稱為「實用值」（utils），但效果並沒有很好。例如我們可以說一張椅子值四十utils，一輛汽車值五千utils，但是這種比較相當武斷，因為如果你需要的是一輛車，那麼一張椅子對你來說便毫無使用價值，反之亦然。

此外，可用在一些情況的另一種衡量價值方式，就是「時間」。我們擁有的時間都是有限的，包括一天的時間和一生的時間。無論我們是把時間花在做一項活動，或只是用來等待，它都是「時間成本」。舉例來說，你會寧可多花一點錢，把東西快遞送到家，也不想去商店購買嗎？你準備跟著長長的人龍，就只為了買比較便宜的東西嗎？反過來說，你樂意為一個在本地就買得到的東西多花一些錢，只因為你看重自己的時間，而不是跑到更遠的地方去買它嗎？

誠如我們所見，稀有可能賦予價值，甚至能加以操縱，讓低內在價值或低效用價值、又沒有什麼長久交換價值的東西，顯得貴重而有價值。一件藝術作品看似是安全的投資。已故偉大藝術家的作品肯定會永遠保值，因為供應短缺，而且每一件都是獨一無二的？但藝術的風潮和品味會隨時間而改變，一個已經不受喜愛的藝術家，其作品的價值可能下跌，即使繪畫本身依然不變。

> 所有東西的真正價格，對於想要取得它的人來說，真正的成本在於取得的辛苦麻煩。對於已經取得的人，以及想要扔掉它的人，或者用來交換其他東西的人，所有東西的真正價值，就是可以幫他省下的辛苦麻煩，以及可能給別人造成的辛苦麻煩。這是除了人類工業無法增加的東西以外，所有東西的可交換價值，真正的基礎，而這是政治經濟學最重要的原理。
>
> ——亞當・斯密
> 《國富論》

Chapter 5

如何分辨一個國家是富裕還是貧窮？

你生活在一個富裕的國家嗎？對經濟學家來說，衡量並比較國家之間的「相對財富」，是一個相當棘手又微妙的過程⋯⋯

如果有人問你有多少錢，你想到的可能是口袋裡的現金，或者存在銀行帳戶裡的金錢總額。或許還會加上所有財物的價值（至少是大件的所有物），例如房子和汽車。如果你有股票和股份，這些也算是你的財富。

另一個思考財富的方式是看所得。同樣的，在提到富裕國家時，我們可能會考慮到該國的儲備（現金、黃金和其他資產），以及國家的收入所得。一般來說，所得更為重要。

國家財富

以國家來說，財富與所得有強烈相關。經濟學家認為，財富是產生所得的大量資產。整體而言，國家比個人更不可能任由有價值的資產衰退；國家可能會讓資產進行運作來創造收入。因此，藉由評估「所得水準」來比較國家之間的財富，也就很合理了。

一國的所得通常會以「國內生產毛額」（GDP）表示。這是用來衡量一國所有生產的價值。GDP是從商品與服務的「最終價值」去計算，所以包含了消費稅，例如加值稅（VAT）。

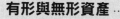
有形與無形資產

「資產」是指任何有價值的東西。資產可能是有形的，例如建築物和金錢，也可能是無形的，例如一首樂曲的版權，或在一片土地開採石油的權利。有形資產是有實體的物體，而無形資產則沒有實體存在。

計算 GDP

GDP 的數字，是根據政府收取的數百萬報稅表單和其他文件計算而來的。它們絕對不會完全準確；有些人在申報時出錯，有些人則沒有誠實填寫（或者根本沒有申報）。

還有某些「產品」類型不能買賣。以英國為例，醫療照護是由政府提供資金──病人只需要支付向藥房購買處方藥的費用。甚至只有一〇％的處方要收取這筆費用。藥品、外科手術，以及醫院的照護，對英國國民來說都是「免費使用」。這意味著 GDP 中不會出現國民保健署（NHS）的大部分產出，除非有另一種方式可以計算。解決辦法就是政府在 GDP 中，將提供醫療照護的成本列為來自 NHS 的所得（創造的服務價值）。

生產力與效率

　　從成本來計算生產力會造成一種怪現象，那就是如果提供一項服務變得更有效率且成本更低，會顯得生產變少了。假設護士承擔起原先由醫生執行的工作。護士的薪資比醫生少，所以接受治療的病人數雖然相同，提供治療的成本卻下降了。效率的改善（好事）以這種計算方式看起來，卻像是生產力下降（壞事）。

GDP 中少了什麼？

　　GDP 只納入申報的商品與服務。這代表地下經濟（或「黑色」經濟）在 GDP 中並未有重要地位，沒有金錢易手的商品與服務也是。

　　地下經濟所指的是，企圖透過未申報現金交易逃避課稅的非正式交換。如果一家住戶付現金找園丁給草坪割草，或者要泥水匠砌一道牆，這個工作或支付款項可能沒有留下正式的文書痕跡。收取現金報酬的自由業者，可能選擇只向稅務機構申報部分所得（甚至完全不申報）。如此一來，他們就能逃避繳稅。這當然不合法，而且難以監控。銀行電子轉帳和支票付款，會留下稅務機構找得到的痕跡，但現金不會。不申報所得還有其他理由。有人可能

希望繼續申請社會救濟，如果申請人的真實所得被人知道了，符合社會救濟的資格就會被取消（這也是不合法的）。或者某些人的所得可能來自非法活動，例如毒品交易，因為擔心被告而不可能申報。

自給自足與 GDP

並不是所有在 GDP 找不到的數據都來自於非法或詐騙。很多工作產生不了「可計算」的所得，但確實創造了價值。若有人著手自己動手做（DIY）住家整修計畫，或是自己種植水果和蔬菜，都生產了原本可能要花錢買的有價值產品。照顧兒童、看護年邁親人和做家務事，常常都是家庭中免費提供的服務。世界上有些地方的人從事「糊口農業」（subsistence farming），他們種植糧食只是為了給自己和家人食用，而不是賣給大眾。這並不會出現在該國的GDP，但是對人民來說，卻是重要的價值來源。

GDP 的用處

經濟學家將 GDP 當成衡量一國生活水準的標準。藉由比較現時與往年的 GDP，就能大概知道生活水準是改善還是惡化。而比較不同國家的 GDP，經濟學家就能按

照其繁榮程度與生活水準給予排名。

如何比較長期 GDP ？

如果一國的 GDP 隨著時間增加，代表該國的生活水準在改善。不過，「通貨膨脹」也必須納入考慮（請見第14章）。通貨膨脹是全體物價隨著時間持續上揚。這代表通貨膨脹期間，同樣數額的金錢換來的商品與服務變少。

如果一國的 GDP 在五年間從二千億美元上升到二千一百億美元（上升五％），但同時期物價上升一〇％，生活水準就會下降——二千一百億美元得到的商品與服務，比原先的二千億美元少。為了避免通貨膨脹影響 GDP 計算結果的準確性，經濟學家區分出「名目 GDP」和「實質 GDP」。名目 GDP 計算出的數字，並未將物價納入考量。實質 GDP 則是將零售物價指數納入考慮，進行修正，所以在做比較時更有用。

另一個沒有顯示在 GDP 的因素是「人口規模」。如果一國的 GDP 在一段時間增加五％，但人口增加一〇％，平均生活水準會下降，因為每個人占的 GDP 比例變小。我們可以計算並比較「人均 GDP」——也就是將 GDP 除以人口數，就能將這個因素納入考慮。

還是有問題

　　還有些問題是計算人均GDP也沒有解決的。就像效率提高可能看似生產力下降——質量提升如果不需要花費額外的成本，情況可能也是一樣。電子產品的實際成本過去幾十年來一直在下降，但是產品的速度、品質和儲存能力都增加了許多倍。二〇一五年，五百美元的電腦銷售量，在GDP中的價值還不如一九九〇年時售價一千美元的電腦。但是二〇一五年的電腦，可比先前的機型強大許多。此外，稀有性也會提高價格。如果石油的價格翻漲一倍，消耗量減少四分之一，石油支出就會增加；意思就是GDP上升，但生產力及生活水準下降。

　　GDP上升看似代表生活水準上升，但情況未必是如此——公共支出的增加也會納入GDP，但實際上，有些可能意味著生活水準下降。舉例來說，戰爭時期的國防支出非常高。這出現在國家的帳目中會顯示GDP上升，但人民可能要忍受比承平時期低落很多的生活水準。同樣的，內亂或高犯罪率也可能導致治安支出增加，如此也會推升GDP——但是飽受動亂、犯罪，以及炸彈轟炸之苦的民眾，生活水準卻下降了。

　　如果一個國家有嚴重的不平等，即使GDP非常高，

也未必反映多數民眾的生活水準良好——GDP上升可以用少數富裕階級的奢侈揮霍來解釋，絕大多數人民的生活水準卻在下降（請見第15章）。

揮霍積蓄的後果

如果你拿出所有積蓄買一件新家具和新衣服、到昂貴的餐廳吃飯，然後又飛到國外度假，可能你現在享受了高生活水準，但是除非你能回補那些錢，否則未來將淒涼悲慘。國家也一樣，國家也需要平衡投資與消費。如果一個國家在短期花光所有錢卻不投資，GDP會立刻上升，但是以後肯定會下降。民主國家的政府是經由選舉而組成，執政者的任期有限，所以需要吸引選民。「現在支出以後付款」的誘惑相當大，這也意味著支出計畫造成的財務後果，可能要等到下任政府執政時才有感覺。

我的比你大！

GDP通常用來比較兩個或多個國家的生活水準或財富。同樣的，重要的是考慮到人口，計算人均GDP。否則，如果只看整體GDP，一個人口少而富裕的國家，可能看起來大不如人口非常多卻貧窮的國家。

GDP 翻倍需要多久？ Key Points

只要有變化率，有一個簡單的公式就可以讓經濟學家算出GDP加倍（或減半）需要多少時間：

● 如果成長率是 G％，GDP加倍需要 70／G 年。
● 如果成長率是三・五％，GDP加倍需要 70／3.5 ＝二十年。
● 如果變化率是二％，GDP加倍需要 70／2 ＝三十五年。

用誰的貨幣？

在比較國家經濟時有個難題，就是需要決定該使用哪一種貨幣去計算。如果英國的 GDP 以英鎊表示，歐元區國家以歐元表示，美國以美元表示，那麼要如何進行比較呢？匯率會波動，如果進行比較的那一天，有一種貨幣特別強勁（或疲弱），那麼呈現出來的國家相對財富就是扭曲的樣貌。

因此，一般都是用「國際元」（Int$）。國際元又稱吉爾里—哈米斯元（Geary-Khamis dollar），這是以提出這個概念、並加以發展的經濟學家吉爾里（Roy Geary）及哈米斯（Salem Hanna Khamis）為名。國際元的購買力與特定時間的美元相同，通常是指一九九九年或二〇〇〇年。

以下是由國際貨幣基金組織（IMF）統計，二〇一四年幾個主要國家的GDP數字：

國家	人均 GDP（國際元）	排名
卡達	143,427	1
盧森堡	92,049	2
挪威	66,937	6
美國	54,597	10
澳洲	46,433	15
德國	45,888	18
加拿大	44,843	20
法國	40,375	24
英國	39,511	27
日本	37,390	28
紐西蘭	35,152	31
俄羅斯	24,805	49
墨西哥	17,881	66
南非	13,046	87
印度	5,855	125
孟加拉	3,373	142
尼日	1,048	182
中非共和國	607	187

二〇一五年四月，全世界的人均 GDP 為 15,147 國際元。

自給自足造成的混淆

一個國家的文化型態會影響它的 GDP，因而難以做有意義的對照。在比較不同國家的 GDP 時，自家生產的商

品（例如DIY整修房屋、種植蔬菜、兒童照護）尤其會造成混淆。

如果我們檢視一些開發中國家經濟體的人均GDP，那些數字看起來似乎是無法持續的。中非共和國如果每年每人的產出是六百零七國際元（一天不到二國際元），要怎樣生存呢？但是中非共和國有許多人是自己生產糧食和其他物品。這些數字並未出現在正式的經濟結構中，因此並未呈現在GDP上。

如果有農人用自己的母雞孵出小雞，飼養更多小雞而得到肉和蛋，她可以自己吃，或是和鄰居交換其他商品，這種生產力在國際金融市場並未獲得認可。但是美國一個人花在雞與蛋的費用——以及非洲農人以物易物換來的其他物品——可能代表數百美元的GDP。說不定比中非共和國的整體人均GDP還多。

就算你種了許多蔬菜，自己建造房子又飼養家禽，想要以中非共和國居民的平均所得在美國生存，也會相當困難。因為物質的成本在美國會高出許多，而且美國有更多必要支出，例如供熱取暖、照明和運輸等。也因此，比較物品在不同國家的相對成本，是採用「購買力平價」（PPP）來衡量計算。

Key Points

購買力平價

購買力平價（purchasing power parity）是比較兩個不同國家貨幣的購買力（每個貨幣單位能買到的東西）方式。計算方法是以貨幣的官方匯率，比較兩個完全相同的物品價格。舉例來說，如果人民幣兌歐元的匯率是七：一，兩種貨幣若購買力相等，在西班牙花費一歐元的東西，在中國的花費應該是七元人民幣。如果那樣東西要價四元人民幣，在中國的人就可以用同樣金額買到更多，所以人民幣的購買力比歐元高。

只買需要的？

個人必須付出代價取得的物品，也會因環境而異。北歐民眾在供熱燃料的支出很多，但是在尼日就不需要這筆支出，因為當地的氣候溫暖許多。美國大多數人上班必須付出交通費，但在一些較貧窮的經濟體，多數人是走路去工作的。在美國，多數人透過醫療保險支付醫療照護，但是在英國，醫療照護是由中央政府提供，透過稅款支付。種種差異會影響生活水準和各國之間的比較。如果你不需要「買那麼多」，你也不需要「賺那麼多」。

Chapter 6

我們的經濟體系是如何發展到今天這一步的？

我們每天在報章雜誌上讀到的現代「經濟體系」，其實已經發展了很長一段時間，過程中不斷地隨著社會變遷而調整適應……

讀著這本書的你，所在的國家肯定擁有發展完善的經濟，而且至少會有一些資本主義的元素。資本主義是一種經濟體系，建立在「經營企業是為了獲利」的原則之上。這是現今世界的主要經濟體系。（第7章還會談到更多資本主義的本質、優點與缺點）。

資本主義市場

資本主義假定有三種市場：勞動市場（為了金錢而工作的人）；商品與服務市場（你能購買的東西）；以及金融市場（買賣與金錢相關的無形產品）。我們似乎只有前兩者還能應付得不錯。沒有人需要獲利——只需要賺到足夠的錢，能買到需要的東西，相對舒適地生存下去。

這種體系過去就存在，至今依然存在於世界的一些角落。每個人生產東西來銷售，或是交換其他需要的東西。在那之前，人人種植或製造所有需要的東西。這種體系稱為糊口維生，通常以「糊口農業」的形式呈現，家家戶戶生產自己消耗的糧食和材料。這種自給自足的經濟體系要能運作，每個人都需要像是幾隻雞、幾個人共同擁有一隻牛、一些土地種植小麥和蔬菜，還有製作家具的木材和基本工具。

經濟學的最入門

如果你想建造一個經濟體系，需要給人具體的任務，才能提供發展的潛力。而「發展」意味著（或者應該意味著）——所有人應該有更好的生活方式。

很久以前，勞動的「專業化」非常合理。一個人非常擅長用羊毛製作披肩，而羊毛又是另一個人的羊生產的。還有人種了很多蔬菜。比起每個人辛苦供給自己的全部所需，同時做些自己不是非常擅長和非常擅長的工作，大家一起合作，社會能生產的更多。

金錢在這時候就有用處了——建立在代幣之上的經濟，比建立在以物易物之上的經濟更容易管理（請見第1章）。如果一切順利，社會就有剩餘的商品，可用來與其他社會交易。

隨著大家愈走愈遠，也就漸漸發現了新的市場和新的產品——當歐洲人發現南美洲，他們也就進一步發現了菸草、巧克力、馬鈴薯和番茄，並將這些物品引進歐洲，後來便成為國際貿易的品項。

北美印地安人也發現他們可以拿沒有用的土地，例如曼哈頓島，交換到一些閃亮美麗的珠子（這些珠子在歐洲的價值不是非常高）。

經濟發展的源頭：資本

　　但是像前述這樣簡單的商業交換經濟並無法推展得太遠，意思就是社會本身無法取得太多進展。雖然人人都在製作或種植東西，可立即銷售或消費，但是卻沒有研究和開發的能力。誰有時間去設計蒸汽機？誰有錢建造鐵路網？在現在的開發中經濟體，有許多小規模的企業家和自由業者，但他們沒有資本就無法發展事業。

　　資本主義促進更大規模、更長期的計畫。研究與開發，製造業或服務業的擴張，全都需要投資。這意味著短期的經濟生產力較低，但同時在開發產品或做研究，以便長期能更有經濟生產力。除非有人可以幫企業省下進行這種大膽冒險所需的資金，否則企業就必須進行借貸。而且除非可以從中獲益，否則為什麼會有人願意借錢並承擔風險呢？於是，「投資人借錢給企業，期望獲得更多回報。而為了補償他們，企業必須獲利」的體系便發展出來了。

更有效率的生產力：勞動分工

　　也因此，我們就有了三種市場：勞動、商品與服務，以及金融。生產得以更有效率的方法之一，就是「勞動分工」。一個人執行包含多階段的複雜工作，生產力比不上

一群人各自承擔部分工作，並重複做相同的部分。這個情況之所以會出現，是因為有人開始總攬流程，並決定將作業分成更有效率的單位，以提高生產力。之後這個流程需要加以安排，讓產品的零件製造能夠以有效率的速度延續下去：若一個人只花一分鐘完成一項作業，卻得停下來等待別人花五分鐘完成作業，那就沒有效率。如果分工不得不平等，那麼就必須雇用更多人才能改善生產流程。

一旦作業拆解成各自獨立的單位，通常就比較容易機械化。許多工廠的工作牽涉到簡單的作業，例如組裝零件或焊接，都由機械裝置接手。

Key Points

大頭針分工

經濟學家亞當・斯密用製造大頭針的例子，說明勞動分工如何讓企業獲利。斯密提出的遠遠不只是培育、處理，以及編織羊毛等不同工匠之間的區隔，而是像用金屬線製造大頭針這樣一個簡單的工序，都可以拆解成許多階段，每個階段由不同的工人執行。他宣稱一個工人若從頭開始製作大頭針，一天可完成二十根，但十個工人每人專攻一、兩個階段，一天能做出四萬八千根大頭針。一八三二年時，大頭針工廠每個工人一天生產八千根（幾乎是一七七六年時的兩倍），而在大量機械化的一九八〇年，每個工人一天可製造八十萬根大頭針。

從封建制度到商人崛起

　　大家都知道歐洲中世紀的經濟制度是封建制度——農奴或農人是社會中最貧窮的人，他們耕作當地領主擁有的土地（因而有了「地主」之稱）。為了換取他們的勞動，農奴可以獲得一點微薄的好處，例如糧食、棲身之所，以及不受其他領主欺凌的保護。沒有競爭、沒有自由市場，農奴幾乎無法選擇為誰效勞。財富握在領主手中，而且大多是繼承而來（或在戰爭中奪取）。資產不會轉移給農奴，無論他們工作多辛勞。情況幾乎說不上公平。

莊園經濟是中世紀歐洲的主要制度。

到了文藝復興時期，隨著銀行的興起（最早出現在義大利）和國際貿易的發展，封建制度被商業型態經濟取代。個人有了更多自由；他們不再是農奴，而且（至少理論上）對於要為誰工作、拿多少報酬，以及要做哪一類的工作等，有更多選擇。商人控制這個體系，並靠著交換商品賺到大部分的錢——在一個市場便宜買進，再到另一個市場賣出而獲利。

　　重商主義鼓勵最低限度的進口、最大限度的出口，目的就是從其他國家賺取金銀。這個概念是基於全世界經濟總額固定的原則，因此一個國家要賺錢，只能犧牲另一個國家。

黑死病：封建制度之死？ · · · · · · · · · · · · Key Points

　　有些經濟歷史學家宣稱，封建制度是由黑死病終結的，一三四〇年代的這個流行傳染病，奪走歐洲與亞洲三分之一人口的性命。因為有那麼多勞動力死亡，大批土地荒廢，農作物在田地裡腐爛。等到黑死病一過，倖存的勞動者就能要求更好的條件，以換取他們的勞動。按照供需法則，勞動者的供給下降而需求提高，所以市場上的勞動者可以得到更好的條件。這些條件包括自由移動、自由選擇雇主，以及更好的報酬。

為了保護國內市場，政府推行進口控制，補貼國內生產的商品，以及採取貿易保護關稅（對進口商品加徵費用以保護國內市場）。現代經濟體有時候會採用這種策略；包括美國和日本都以這種方式限制進口。

（預防貧窮需要）開放且平衡的貿易；珍惜製造者；禁絕遊手好閒；以禁奢法律約束過度浪費；土壤的改善與耕種；（以及）物價的管制調節。

——法蘭西斯‧培根（Francis Bacon），
《論謀叛與變亂》（*Of Seditions and Troubles*）
1625

人人都能更富有

從十八世紀開始，經濟理論家如大衛‧休謨（David Hume）與亞當‧斯密，都質疑世界總體財富固定的概念，十九世紀時，英國更揚棄了貿易關稅保護制度。工業革命帶來真正的資本主義——典型「將工人的臉壓入泥土裡」（差不多是字面上的意思）的資本家。早年沒有法律保護工人，虐待情況猖獗。有些西方國家依然有童工；這對階級底層的人來說，絕對不是好時光和好地方。威廉‧布雷克（William Blake）在〈追隨先人的腳步〉（And did those feet in ancient time）一詩中，提到英國「黑暗的撒旦磨坊」（dark Satanic mills），就屬於這個時期（一八〇八年）。從十九世

紀末開始，政府才開始立法給予弱勢者更多保護。

十九世紀初的工業化導致童工增加。許多兒童從十歲起，就受雇於工廠和礦坑，從事骯髒危險的工作。

如何才能更富有？ **Key Points**

　　我們似乎無法想像人人都更富有、卻沒有人變窮，但如果生產力提升，這就有可能實現。藉由採用更有效率的生產制度，同樣的投入可以生產更多，這就創造了繁榮富足。甚至在個人層面也適用。如果你有五美元，買了一條魚回家煮，你就有了一餐。如果你花五美元買釣竿，或許能釣到很多魚當晚餐。同樣的，你也可以花五美元買一袋蘋果，或用五美元買一棵蘋果樹苗，往後每年都能收成蘋果。

Chapter 7

自由市場經濟與管制經濟

一個國家鮮少有機會能從頭「設計經濟」。經濟該自由？還是該管制？當我們在思考哪種經濟體制比較好時，不能只抱持一種觀點……

美國在制定憲法時，從歐洲帶來許多有關經濟與治國之道，這些理念被銘刻在這個獨立的新國家中，「自由市場經濟」正是其中之一。

自由市場與管制經濟

我們至今看到的自由市場經濟運作方式：個人與公司擁有資本，並利用資本結合勞動、土地和資源，生產商品與服務。這些在開放市場中銷售，遵照供需法則，收取它們可以要求的價格。市場——眾人買賣的意願——決定了要生產什麼、生產給誰，以及如何生產。

自由市場經濟的反面是「管制經濟」（command economy）。在這種經濟制度中，政府或國家擁有資本，並決定該生產什麼、如何生產、要以什麼價格銷售，以及要銷售給誰。管制經

濟與共產主義國家有

關，例如前蘇聯、古巴、中國，以及北韓。

　　自由市場經濟與管制經濟的主要差別，是生產工具的所有權。在自由市場經濟中，生產工具由個人及公司持有（公司本身由個人擁有，不管是獨資還是透過股權）。而在管制經濟，政府代替人民擁有生產工具。

一切都公平，或不公平

　　在理想的世界中，良性運作的管制經濟應該產生公平公正的狀態。而在現實世界，卻不曾有過這種理想狀況。隨著新興的統治階級出現，財富透過貪腐和利己而集中。最底層的工人卻遭遇短缺，包括想買的東西、怎樣利用時間，以及如何生活，幾乎毫無選擇。

　　當政府控制生產，生產者之間沒有競爭，也就沒有誘因提供商品的多樣選擇。的確，生產多種選擇的商品從經濟來看是莽撞冒險的，因為事倍功半，也會降低生產效率。當你可以經營一家規模稍大的工廠、只生產一種車款，為什麼要經營兩家工廠，生產不同的車款呢？如果沒有積極設法銷售車款獲利的私營業主，就沒有誘因去改善產品來吸引更多顧客。

　　「缺乏競爭」導致標準與一致性不良。第二次世界大

戰之後的那些年，東歐共產主義管制經濟體就是這種狀況。當他們看到西方市場商品的多樣性和品質之後，愈來愈不滿意管制經濟提供的商品。許多人想離開，追求更好的生活水準，於是共產政權不得不監控邊境，避免大批人民叛逃到西方。

從正面來看，管制經濟（如果運作得當）可以讓所有人都享有高品質的醫療照護與教育。比方說，蘇聯政府若發現某些兒童擁有運動和音樂天賦，便會針對他們進行密集輔導，且不需要父母付費，而這套方法果然獲得重大成就。（當然，缺乏選擇性也有缺點——我們不知道那些被選中的兒童中，有多少人在接受訓練後又被國家拋棄，或者在他們寧可放棄的時候仍得被迫接受訓練。）

人人一致的結果

管制經濟並沒有多少「個體性」的空間。一個人就算有好點子、天賦或創業精神，也無法付諸實行而增加個人財富，只能用來造福整個社會。這未必是壞事，而且不同的社會有不同的方式去評估和理解個人與社會之間的連結。蘇聯的科學家與藝術家達成的每一點成績，都跟自由市場經濟國家的科學家與藝術家同樣偉大，但即使如此，

競爭（這次是與西方）也鞭策他們努力。不過整體而言，二十世紀管制經濟的跡象顯示，沒有個人利益或肯定的誘惑，經濟活動的有些層面會落後給自由市場，因為大家缺乏「改善」的動機。

二十世紀的共產國家著重平等，並非是經濟制度的直接結果，但卻有其不利的影響。一些政權沒有充分利用勞動力，反而對知識分子大加打擊，例如強迫他們在集體農場或工廠中工作。尤其是中國和柬埔寨，打擊優秀菁英的戰爭導致大量人力資本被浪費，更別說嚴重的個人苦難。結果就是那些擁有龐大天然資源和人口的國家，最後比起自由市場經濟的成就，生產力卻低落許多，多數人的生活水準也無法提升。

籬笆的另一邊

另一方面，自由市場經濟也有自己的問題——生產工具很容易集中在少數人手中，這些人成了優秀菁英，並積極保護自己的地位和財產。市場決定了製造和銷售什麼、用什麼價格銷售，以及賣給誰。市場還決定了「誰能從生產中獲益」。隨著消費者能在種類繁多的商品中做選擇，他們決定了供應者要賣什麼：他們不會買自己不想要的東

西，也不會以自己無法負擔的價格購買。理論上，供應者之間的競爭，會將價格壓低到平衡點，同時確保有充足的選擇。而在實際上，根本達不到這個理想狀態。

以必需品來說，例如：住宅、糧食、能源和供水——無論大家是否喜歡，都得被迫付出由市場制定的價格。比方說，一些能源市場幾乎沒有競爭：只有一個供應者的市場叫做「獨占壟斷」。舉例來說，在一個自來水與下水道管線已經建置完成、並交由民營的國家，不可能讓新的水公司進入市場。新的公司需要和提供基礎建設的公司達成協議。

Key Points

獨占與寡占

獨占（monopoly）的市場情況正好與競爭相反。在獨占壟斷中，市場上只有一個供應者或生產者，而且有進入障礙阻止其他人創業。這些障礙可能是財務、法律或實體。舉例來說，沙烏地阿拉伯政府控制在該國開採及銷售石油的權利，所以沒有其他公司能夠成立。

寡占（oligopoly）事業的存在，則是有幾個供應者或生產者控制市場。寡占實際上控制了價格；如果一家供應者調降價格，其他家也會跟進，以免失去自己的顧客（市場占有率）。

混合經濟

如今大部分經濟結構都是「混合經濟」（mixed economy）。混合經濟有奢侈品的自由市場；另一方面，公款用來支付一些為了造福所有人而生產的基本商品和服務。這個服務可能包括以下任一種（或全部）：供應便利設施，例如水、電及天然氣；醫療照護服務，包括醫院、家庭醫生與牙醫；以及交通運輸，例如鐵路、公路網及國內航空。

有些商品與服務必須由國家提供，即使在自由市場經濟也一樣。像是道路、警力與軍隊──不可能把一些人排除在軍警的保護之外，所以這是人人都享有的資源，無論他們是否有支付什麼代價（請見第13章）。

混合經濟中的自由市場程度各不相同。醫療照護與教育這兩種服務，可能是免費供應給所有公民的例子，或者可能向公民收取費用。一些國家同時有公營及私營兩種版本，民眾可以選擇使用免費的公共服務，或是付錢選擇可能（或可能不會）更好的私人服務。美國在醫療照護的態度比英國更偏向自由市場，負擔得起的人付錢買民營的醫療保險，負擔不起的人就依賴國家提供。英國則是有國民健保署承諾給所有人優質的醫療照護，費用全部透過稅款

支付，而且「免費提供」（free at the point of delivery）。英國也有民間醫療照護，那些想要、又負擔得起國家體系以外選項的人，有時候會做這種選擇。

　　要衡量一個市場的混合程度或自由程度，可以觀察政府支出占 GDP 的比例。一般來說，英國比歐盟的一些國家更偏向自由市場。

美國、英國、德國、瑞典、波蘭等五國，在一九八〇至二〇一八年間的公共支出占 GDP 比例（％）。

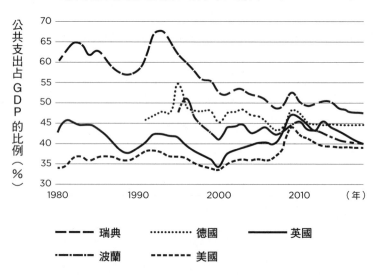

資料來源：根據 IMF 資料自行研究（波蘭最早的資料為一九九五年；二〇一二年起的資料，以 IMF 的推測為基礎）。

左圖顯示德國與英國至二〇一二年為止，比美國更偏向混合經濟。美國是全世界最大的自由市場經濟體。該國的福利救濟與公家提供（public provision）的程度低，社會不平等的程度高（請見第15章）。

北歐國家的國家收入用在公共財（public goods）的比例較高，而且提供像是免費托育等福利、環境保護的程度也較高。北歐人的生活水準平均高於其他地方的人，而且社會不平等的程度較低。這些供應都是由高出其他國家許多的稅款支付（請見第8章），這也使得消費者花錢的選擇變少，因為他們剩下能花的錢較少。

資本主義的特點

就我們觀察，資本主義並非都是同一種作風。自由放任或自由派資本主義認為，要盡量多留空間給市場力量，只要最低限度的法規或政府干預。而在英國，這種態度受到維多利亞時期工業家的青睞，並導致極端貧窮與社會不平等。如今，這在許多發展中國家依然可見，導致血汗工廠、童工與奴工，以及惡劣的工作環境。

英國經濟學家凱因斯（John Maynard Keynes）鼓吹市場要有一定程度的政府干預，才能確保市場以最理想的狀況

運作，即便自由市場社會也一樣。這就是我們所知的「凱因斯式資本主義」（Keynesian capitalism）。西方採取混合經濟的工業化國家，企圖在干預和市場力量之間取得平衡。而正確的平衡究竟在哪裡，經濟學家眾說紛紜，這也是左派與右派政治人物的主要爭議所在。

右派傾向於盡可能降低政府干預，並盡量擴大競爭、選擇與市場力量，認為這樣能走向更強大的經濟，為所有人提供更多機會。左派則傾向於關鍵產業公有制，擴大福利國家，並增加法規以保護消費者、工人與弱勢團體，他們認為完全自由的市場，本質上就是犧牲工人而對雇主有利。大部分西方政治人物皆試圖在這兩個極端之間找到中間路線。

Chapter 8

不繳稅不行嗎？

「人生在世，沒有人能逃得過死亡，以及繳稅。」
這是一句至理名言，但對執政者與經濟學家來
說，他們對繳稅的盤算可不只如此⋯⋯

大部分人都會抱怨要繳稅，有些人則竭盡所能逃避繳稅。但若我們希望政府提供從警力到道路、學校等公共財與公共服務，那麼納稅是絕對必要的。

經濟學家將賦稅區分為直接與間接兩種：

- **直接稅**（direct tax）是在納稅人賺到錢時扣除，直接繳納給政府的代收機構。例子包括向個人課徵的所得稅，以及根據企業獲利課徵的公司稅。
- **間接稅**（indirect tax）是由中間者代收，例如由零售商在銷貨點收取，稍後再轉給政府的代收機構。例子有銷售稅或加值稅，通常是給所有產品加上統一的百分比，酒類與汽油則是有明定的營業稅（excise tax），因產品不同而異。

大部分經濟體都是採直接稅與間接稅並行。通常對所得會課徵一定程度的稅：薪資（個人）與獲利（企業）。可能是統一稅率，固定在一個水準，或者是累進稅率，隨著所得增加而提高課稅等級。商品與服務可能還有全國性與地方賦稅，例如美國。必需品可能豁免或者課以較低稅率。以英國為例，大部分的食物、童裝與童書並未收取加值稅。

賦稅類別

有些商品或金錢的轉移會引來額外的稅負。舉例來說，買賣土地或不動產可能會產生印花稅。最初這是批准轉讓文件的收費——或者加戳「印花」。戳章已經消失，但是稅負仍在。牽涉到財富轉移的稅，通常稅率會制定得更高。包括死亡之後繼承金錢、物品，以及房地產的遺產稅、資本利得稅，以及銷售土地與不動產等高價值項目時徵收的稅金。一些國家還會對個人擁有的貴重物品課稅，例如豪宅或藝術品。

此外，旅客稅（tourist tax）是針對大量遊客對基礎建設造成的負擔，而收取費用的方式。威尼斯就是城市對遊客徵收「過夜稅」的例子。

用繳稅控制行為

貨物稅（excise duty）是針對製造或經銷特定商品種類的賦稅。包括對從國外引進的商品徵收的進口稅。對於被視為「不健康」的奢侈品加徵的貨物稅，私底下常被稱為「罪惡稅」。政府可以把這些賦稅名目當成是一種社會工程——把菸草、酒類及含糖飲料等商品的消費變得昂貴，就能抑制這些不健康的消費行為。

賦稅也可以用來鼓勵（或刺激）特定行為。舉例來說，政府可以規定運動器材或營養食品豁免銷售稅，以鼓勵更健康的生活方式。

這些影響人們行為的稅負和免稅措施，不完全是利他的——健康的人民比不健康的人民更有經濟生產力，而且需要花在醫療照護與福利的費用也較少。

不是稅，而是費用

有些課稅看起來像是賦稅，但在經濟學家看來，那些稅根本不算是稅。例如在英國，有工作的人要繳納所得稅，還要繳納「國民保險金」（National Insurance）。

雖然國民保險金看似是一種賦稅（當收入高出某個水準，政府就會收取一定的百分比），但嚴格來說，這是為了社會福利制度所提供的各項服務而收取費用。

其中，包括免費醫療照護、失業或低收入者的社會救濟金，以及老年人的養老金。至於強制規定要繳納給地方政府或公用事業的費用（例如英國的市政稅〔council tax〕），則用來支應地方性的服務，例如教育、垃圾清運、警力，以及道路維護等支出。

千奇百怪的稅 ·······················

過去有些奇怪的東西會被課稅。

古羅馬時期,奴隸賺夠了錢可以為自己贖身,但「自由」需要課稅;尿液也是(賣給製革廠和其他產業使用時)。中古時期的歐洲,肥皂也要課稅。

尤其英國提出了一些相當稀奇的稅負。十八世紀時,窗戶(房屋若有超過十面窗戶)、壁爐、磚頭、假髮粉、蠟燭與印花壁紙,都要課稅。這些稅項擺明了是針對有錢人。

至今在英國還能看到這個時期的一些鄉間宅邸,窗戶用磚頭砌起來,就是為了減少房屋的稅金負擔所致。大家盡量用體積較大的磚以減少用量,企圖逃避「磚稅」(只是這些大磚塊很快也被課徵了更高的稅率)。為了逃避「印花壁紙稅」,房子主人會懸掛沒有花紋的壁紙,然後在上頭畫出圖案。

轉移稅務負擔

個人與企業被徵收的「稅金總額」是由政府決定的。這常會隨著政權的更迭而改變,而且在危機期間也可能改變,例如在代價高昂的戰爭期間,就需要可觀的資金。稅負分配的方式可以反映一個政府的價值,以及偏好的經濟模式類型。

一個施行「混合經濟」的左傾政府，通常會徵收較高的賦稅（特別是對富人），這樣就有更多稅收可以分配給國家提供的服務（例如基礎建設與社會福利）。

　　左派的態度更重視扶助較不幸的人，讓他們有差強人意的生活水準，並減少不平等——這些錢是由高稅率等級的直接稅支應，有時候也包括對非必需品或奢侈品徵收更高的間接稅。

　　至於右傾的政府通常會實施減稅，相對的也會減少公共支出。右派的態度更重視鼓勵企業與個人努力奮鬥，以高所得低稅負鼓勵其努力與獲利能力，目的是要改善整體經濟的繁榮興盛。右派政府通常會收取低直接稅與高間接稅。間接稅（通常是針對支出）在大家的控制之內——我們可以選擇是否要在課稅的項目上花錢。

　　政府或地方當局受益於購物的間接稅，因為課稅不限於居民，原本不會對該國稅收有貢獻的訪客和遊客，在當地購物時也必須繳納。

稅收要做什麼？

　　稅收會被用在許多不可或缺的事物上：

- 政府與國家的運作。
- 執行法律、秩序（維持治安）和國家安全（軍隊）。
- 維護基礎建設，例如道路、河道、數據電腦、大眾運輸等。

以及不同程度的：

- 支應醫療照護、教育及社會福利制度。
- 經營提供公用事業的國營服務，例如天然氣、電力和自來水。
- 支應運動設施、博物館與圖書館，以及藝術。

有些類型的稅收可能標註為特定服務之用。比方說，使用道路的稅金可能會被另外撥出，以作為興建道路或大眾運輸的資金。這就稱為「圍欄分隔」（ring-fencing）或「擔保質押」（hypothecation）。

反對課稅

偏好自由市場經濟的人通常會反對課稅，因為課稅縮減了人民「如何花錢」的選擇。他們認為課稅扭曲了市場。

這是因為稅收的使用方式由政府決定，未必能反映個人的喜好。舉例來說，沒有孩子的公民大概不會選擇把自己繳納的稅金花在兒童教育上，但他們不得不這麼做。一個極端的看法是，課稅代表強迫或盜竊，因為大家對於是否要繳稅沒得選擇。

制定稅率

政府在制定賦稅時必須找到平衡。稅率設定的水準，必須能籌措到足夠的資金，支應政府的支出計畫。但如果稅率太高，就成了抑制努力工作的因素，反而會降低收取到的稅收總額。

有些經濟學家主張，如果維持低稅率，大家就有誘因多工作，因為他們得以留下更多收入。當大家花用或投資那筆錢，能讓經濟更有活力，以後又會帶來更多稅收。甚至有可能立刻就增加，因為大家會拉長工時——即使稅率較低，整體繳納的稅金還是會更多。

如果稅率較高，大家看不到什麼「邊際效益」（工作每小時或每天增加的收入），因此可能會選擇減少工作，導致稅收下降。有些非常富裕的人如果認為課稅負擔太重，也可能移居到海外稅率較低的國家。

「拉弗曲線」（Laffer Curve）會顯示稅率和稅收之間的關係（請見下圖）。曲線的最高點代表收到最多稅金的稅率，不過曲線的形狀卻有爭議，因其可能隨著時間與地點而不同。曲線有可能是對稱的，在五〇％或五〇％以下收取到最多稅金，也有可能是不對稱的，甚至可能會有兩個高點。

拉弗曲線的概念可以回溯到十四世紀突尼西亞與阿拉伯早期社會學家伊本・赫勒敦（Ibn Khaldun），但這條曲線卻是以美國經濟學家拉弗（Arthur Laffer）為名（拉弗並未宣稱自己發明這條曲線）。

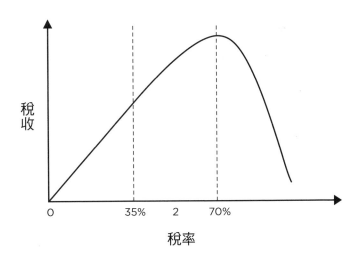

哪些是不可或缺的必需品？

　　在為「非必需品」制定間接稅時，經濟學家與政治人物必須決定哪些物品是必需品。這就導致類別之中有些奇怪的區分。

　　英國的大部分食品項目都被視為是必需品，不用徵收加值稅。但包括熱食、炸薯片、鹽烤堅果（不包括未加鹽的生堅果）、餅乾（不包括蛋糕）、果汁（不包括水果），則要被課徵加值稅。肉類方面，一般認為是「食物」的種類，就不課徵加值稅；因此，鱷魚、駝鳥和馬肉「要」課徵加值稅。「正常的」蔬菜沒有加值稅，但如果是裝飾用的甘藍菜等，就要徵稅。經常食用的活魚種類沒有加值稅，但是觀賞性質的魚類要徵稅，除非準備當食材用。動物飼料要徵收加值稅，只要這個動物並非英國民眾經常食用的種類──所以狗糧有加值稅，雞飼料則沒有。

　　童裝和童鞋不課加值稅。包裹嬰兒的兜帽包巾不用課加值稅，但是沒有兜帽的包巾就有加值稅。帽子外面有真毛皮的要徵加值稅，除非是羊皮或兔毛，但是以人造毛皮製作、或只有裡面有皮毛的帽子，則不徵加值稅。兒童領巾不徵加值稅，但是髮圈和禦寒耳罩則要。扮裝遊戲的服裝道具，包括像玩具槍和手銬等配件，只要是當成整套服裝道具的一部分銷售，就沒有加值稅……

Chapter 9

為什麼不乾脆印更多鈔票就好了？

在一個經濟體中，流通的貨幣總額是固定的，但是當舉債太多，政府喊窮、錢不夠用的時候，印更多錢就能夠解決問題了嗎？

如果一個國家的錢不夠（也許背負很多國際債務，或國內的經濟搖搖欲墜），那麼問題來了：為什麼該國央行不乾脆印更多的錢？這樣就能用創造的新錢償還債務，或者投資在像是興建道路、房屋或學校等。在某種程度上，經濟體確實是這樣做的；但又沒有那麼簡單直接。

錢從哪裡來？

當經濟體健康或「繁榮樂觀」的時候，銀行會發放貸款，以相對低的水準穩定創造更多錢。多出來的錢，並非靠印製新紙鈔並釋出到市面流通，而是創造「沒有實體存在」的銀行貨幣。舉例來說，如果你拿到二十萬美元的抵押貸款，銀行會在你的帳戶記上借貸二十萬美元，而你就積欠銀行二十萬美元。等到最後你還清這筆債務時，為了貸款目的而創造的這筆錢再次消失了。另一方面，銀行則從你繳付的貸款利息中獲得「真正的錢」。

通常貨幣是以穩定的速度創造。如果銀行創造太多貨幣，而個人與企業卻有太多債務而無法償還，問題就出現了。銀行失去信心，停止發放貸款（創造貨

> 每當銀行發放一筆貸款，同時也會在借款人的銀行帳戶創造相同的存款，由此創造了新的錢。
>
> ——〈現代經濟的貨幣創造〉
> 英國央行季度公報

幣）。整個體系就會失去平衡。

量化寬鬆

有節制的新貨幣創造，是透過商業銀行操作，由中央
銀行監督。在危機時期，央行可以透過稱為「量化寬鬆」
（QE）的流程創造新錢。這被認為是「非常規」貨幣政策，
所以只會在特殊情況下使用。

量化寬鬆其實不是印製貨幣的許可證，因為政府並沒
有真正的「印鈔票」，而是透過電子手段創造貨幣的許可
證。如果政府覺得有更多錢在市場上流通對國家更好，就
會創造一些貨幣，向投資人（例如保險公司和退休基金）
購買債券——如此一來，錢又會悄悄回到正常的經濟體。

這麼做會有兩種影響。首先，債券支付的利息減少。
當利率低時，沒有儲蓄的誘因，借貸花錢的誘因卻很多。
借貸與花錢會重振經濟，就像需求增加會刺激生產。

其次，金融機構會有更多錢。既然金融機構有額外的
錢，應該更願意借給想要成長的企業，甚至是借給想要
買房、買車或度假的人。企業生產更多商品與服務給大家
買，因為他們現在有錢了。由於企業成長了，於是雇用更
多人，而這些人又有收入可以花用。整個經濟變得更繁盛

興旺。這些刺激想必能將經濟拉出衰退或停滯的窘境。

第一個與第二個兆

Key Points

英國央行於一六九四年成立。經過了三百多年溫和節制地借貸給銀行，才累積到第一個一兆英鎊（約一‧五兆美元）。但是只花了八年就創造出第二個一兆英鎊。

QE 有效嗎？

量化寬鬆最早是由日本央行在一九九〇年代嘗試實施。經濟學家對於這個方法是否奏效看法兩極。

美國一直是最熱衷於量化寬鬆的國家。從二〇〇八年底到二〇一五年初，聯邦儲備銀行（Federal Reserve Bank）共斥資三‧七兆美元購買債券。聯邦儲備銀行宣稱QE成功降低失業情況，並達到預定的通貨膨脹率目標（雖然依然非常低）。在二〇〇九年三月到十一月間，英國央行買進價值二千億英鎊（三千億美元）的債券；英國的經濟產出增加一‧五至二％，英國央行宣稱至少有部分是量化寬鬆的效果。

數字的部分就到此為止。但是這對大家有什麼意義？

量化寬鬆振興的是金融市場，而不是最重要的消費者經濟。股市大戶最先受益。以英國來說，量化寬鬆推升股價約二〇％。由於四〇％的股票是由人口中最富有的那五％持有，因此富人受益最多——每人的荷包約增加十二‧八萬英鎊（十九‧六萬美元）。

其餘人等則透過「涓滴」受惠，這得仰賴有錢人以振興國家經濟的方式，花用他們（感知的）財富。如果他們向外國造船廠購買遊艇，或是去海外度假、搭乘另一個國家的航空公司，那就沒有太多幫助。但如果他們把錢花在本地的餐廳、吃本地種植的食物，或是購買的其他商品與服務，其材料、製造或供應都出自本國，那就有幫助。不過，他們也可能把錢花在其他金融產品，而不是實際的商品與服務，這樣一來就不會有涓滴效應。

債券反噬

還有一個問題迫在眉睫。銀行遲早會想賣掉那些買進的債券。到時候，除非謹慎判斷並妥善處理，否則利率可能上升，量化寬鬆刺激的經濟復甦就可能遭到抑制。當利率低時，大家會借錢購買商品和服務，企業也會借錢擴張，這就驅動了經濟活動；當利率高時，大家不想借錢，

因為償還的成本太高。他們停止買東西，企業不想借錢擴張也不雇用新人，經濟變得較不活絡。情況可能退回到開始的起點。

Key Points

涓滴理論

「雷根經濟學」（Reaganomics，美國總統雷根〔Ronald Reagan〕的經濟政策）的其中一個特點就是「涓滴理論」（trickle-down theory）。

該理論指出，如果企業和富人沒有被課以重稅，他們會將多出來的財富投入到購買與擴張。這將提振經濟，因為效益最後將涓滴細流到經濟等級較低的人。這個概念就是，如果企業可以保住大部分的所得，就會建造更多工廠、雇用更多人、生產更多產品，因而創造更多收入。而工人與股東增加的收入會拿來花用，提振經濟的其他部門。但有個問題是，如果對經濟前景「沒有信心」，這些多餘的錢就不會被花用，而是會被儲存起來——沒有人有信心投資進行擴張。

為什麼不真的印更多錢？

或許解決貧窮的一個辦法，就是印更多錢，再發給錢不夠的人。為什麼不能這樣做呢？

假設一個國家印了更多錢，人民就可以買得更多嗎？

在新錢到來之前，一顆芒果要價一美元。原本該國的經濟價值二十億美元，又另外「創造了」二十億美元，並將這些錢釋出流入經濟之中。現在，有許多人都買得起芒果了——但芒果的生產量並沒有增加。最終，就是賣芒果的人可以選擇「要賣給誰」。

他們的做法就是抬高價格：對商品的競爭促使需求增加，並導致價格上漲。芒果很快就不是一美元，而是二美元，於是經濟情況又回到開始的原點：人們並沒有因為政府印更多錢而更富裕，因為生產並沒有比從前多。

那麼創造貨幣去清償國際債務呢？那也行不通。國際社會上的貨幣價值並非完全相同。貨幣相互之間的價值隨時在波動，這代表每一個貨幣真正的價值。如果一個國家印了很多錢，貨幣的價值會下降，但是債務並不會下降。因為債務並不是以各國自己的貨幣儲備或計算的。

假設有一個名為「烏托邦」的國家，匯率是二烏托邦元兌一美元，烏托邦欠國際貨幣基金的債務是五十億美元（或一百億烏托邦元），GDP為一百億烏托邦元。烏托邦決定加印一百億烏托邦元償還債務。但是現在貨幣供給加倍了，貨幣的價值卻減半。一個一美元的芒果現在要二美元，五十億美元的國際債務則相當於二百億烏托邦元。

Chapter 10

如果國家沒有製造業真的沒問題嗎？

在後工業時代，有愈來愈多的已開發國家，把煙囪林立、勞力密集的製造業轉移到海外的「世界工廠」，但這麼做真的沒問題嗎？

如果你的包包裡有智慧型手機、平板電腦和汽車的遙控鑰匙，那麼你看起來就不像是太後工業時代的人。但是對經濟學家和社會學家來說，「後工業」意思是經濟體中的製造業，已經被另一個「非工業部門」超越。如今，在許多國家的經濟結構中，服務業與知識經濟都比製造業部門大。

從農業到工業

很久以前，大部分人皆從事農業耕作。直到十九世紀的後半，全球有將近四分之三的人口都還在從事農業，即使已開發國家也是。生產工具最初是用來滿足需求，在需求得到滿足之後，則用來供給欲望。直到二十世紀，農業仍是非常勞力密集的產業。今天在比較富裕的國家，只有二至三％的人口在從事農業，而騰出來勞動力就流向其他類型的生產。

即使大部分的人口從事農業耕作，農業占一國的GDP從來不曾超過一半。若從經濟觀點來看，這不是非常有生產力，因為糧食必須便宜到人人都負擔得起。在較富裕的國家，農業占GDP僅一至二％。並非因為我們沒有種植那麼多糧食，而是因為GDP的其他貢獻因子大幅成長。

離開農田……

　　在農業機械發明之前，播種、除草、施肥及收成農作物都是靠人力辛苦工作。隨著農耕機械化，人力被釋出做其他工作，例如製造。在英國，從農業時代轉變成工業時代始於十八與十九世紀的工業革命，當時有效率的機械耕犁、播種機與鋤頭，接手了許多需耗費體力的勞務。製造業的機械化發展，將多餘的農場工人吸引到城市，從事長時間的機械操作工作。

　　二十世紀中葉，農耕爆發另一波機械化，導致農業工作進一步減少。隨之而來的是第二次世界大戰結束後的製造業大幅成長，利用新原料與新科技，服務新興富人和樂觀大眾。一九五〇與一九六〇年代，製造業在西歐與美國達到高峰，雇用了將近四〇％的人口。

……又離開工廠

　　就像機械化將人們從農田裡的辛勞工作解放出來，後來也讓人們從工廠的重複性工作中解脫。工廠的機械化使得生產者的製造效率提高許多，需要的人力變少，至少在已開發世界是如此。如今在大部分較富裕的國家，只有約一〇％的人口從事製造業。例外情況包括台灣（二八％）

與德國（二〇％）。

　　而在開發中國家的經濟體，「人力」依然是廉價的製造業資源。我們向已開發經濟體購買的商品，有許多是在擁擠的血汗工廠和製造廠生產的，當地的勞動力比機械化便宜。有些商品的製造流程難以機械化或不可能機械化，主要也都是在有大量廉價勞動供給的地區完成。

依然在製造

　　一九八〇年代初期，製造業占世界貿易份額的五七％；到了一九九八至二〇〇〇年，這個比例提升至

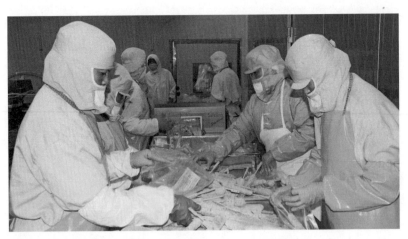

中國北方一家食品加工廠的人工生產線。

七八％。二〇〇九至二〇一一年再次下降，但六九％的比例依然高於從前。所以，製造業依然是重要的經濟組成分子，只是從事的人變少了。

以一般情況一〇％的人口從事製造業、三％的人口從事農業來說，已開發國家還有很多勞動力可供應給其他產業。許多人從事服務業：旅遊、教育、法律、醫藥、銀行、零售等等。服務業不會生產新的東西，但是可能重組經濟的各個層面，例如為蛋糕「增加價值」——將它們放在咖啡廳裡用漂亮的擺盤方式賣出去。許多服務業至今依然相當勞力密集。

服務業可為商品增加附加價值。

這真的是個好點子嗎？

有許多情況是已開發經濟體將自己的眾多製造業，遷移到海外土地與勞動力便宜許多的地區。有些時候他們完全不製造，而是向製造業者採購東西，再轉往西方市場銷售。舉例來說，衣服或電子產品相對較少在西歐或美國製造；大部分是在亞洲製造，當地已經成為「世界工廠」。如果運作順利，西方經濟體的 GDP 仰賴服務業似乎沒有問題。甚至有種乾淨而精緻的氛圍。完全沒有那些髒兮兮的工廠或是在土裡刨食的情景，真是謝謝了；西方人可以靠銀行、不動產和保險過活。

但這樣真的可以嗎？二〇〇八年的金融危機，證明了以服務業為基礎的經濟有多麼脆弱。而若許多服務在多數人看來根本虛幻不真實，又尤其脆弱：那些服務牽涉到銷售幾乎與現實世界無關的金融「產品」，例如衍生性金融產品、期貨與再保險組合（請見第21章）。

　　全球性經濟衰退的發生，並不是因為我們不再種植足夠的糧食、製造足夠的汽車、照護足夠的住院病人，或是經營足夠的旅館……這些產業都延續多年來的行事方法，而且依然有生產力。

同樣的職責，不同的產業 ⋯⋯⋯⋯ Key Points

　　近幾年來，許多機構開始將非主要業務的職務外包。其中一個例子，就是服裝工廠將餐廳販賣部外包給餐飲服務公司、清潔工作外包給清潔公司。當這些人受雇於服裝工廠擔任廚師或清潔工，他們的工作屬於製造業。等到他們被餐飲服務或清潔公司雇用，就成了服務業。

Chapter 11

你願意為你的購物清單付多少錢？

消費心理學的專家們，正努力將商品的價格控制在吸引你「把錢掏出來」的水準。有時候，越叫你千萬不要買，你偏偏越想買……

制定價格聽起來似乎很容易，但是要定出適當的價格，牽涉到心理學和社會學。一個重要因素就是，人們是否覺得自己做了正確的判斷（對消費者施壓鮮少行得通）。

你可以從買方或賣方的觀點來看這一章。如果你是買方，本章會讓你明察零售商企圖對你施展的把戲；如果你是賣方，你可以嘗試其中一些招數——會有作用的（起碼對還沒有讀過這本書的人來說）。

決定付錢的關鍵

一般人願意為商品與服務付多少錢，取決於因人而異的「個人判斷標準」，但這個標準是以下因素的綜合：

- **感知價值**：這個東西有實現他們重視的特點嗎？
- **效用**：這個東西達到多少他們希望它做到的表現？
- **品質**：較貴選項的品質優於較便宜的選項嗎？
- **聲望**：選擇更昂貴的項目，是否會提高買家的社會地位？
- **歸屬感**：這個東西是特定社會團體成員的標章嗎？
- **可得性**：這個東西是否比更便宜的選項難取得？
- **信任／風險**：消費者相信較昂貴的選項更可靠，或

是預料購買較便宜的選項會有風險，且可能在某方面不如預期？

- **道德**：昂貴的選項在道德上比較能讓人接受（例如低碳、有機），或者是由某個消費者願意支持的機構銷售（例如本地獨立零售業者，而不是連鎖業者）？

買吧，便宜呢！

我們常看到有些產品的廣告宣稱自己比競爭對手更便宜。在許多市場，你會預期那是有說服力的論點——畢竟這一罐番茄長得跟那一罐差不多，尤其它們若是出自不同商家的同一品牌——但這個論點可能令人起疑。如果一家零售商指出一項產品比另一項便宜，顧客可能會懷疑便宜貨的品質沒那麼好。他們開始覺得自己可能被欺騙或強迫，這兩者他們都不喜歡。他們可能轉而購買比較昂貴的選項，避免遭到欺騙，或者買便宜的產品會顯得他們錙銖必較或經濟拮据。

一般人若認為某樣東西是「撿到便宜」就會買——也就是說，比真正的價值便宜。如果一個東西在廣告中號稱是拍賣價或降價，消費者的謹慎心理就不見了。麻省理

工學院與芝加哥大學的一項研究顯示，如果一樣產品從四十八美元減價至四十美元，比起定價三十九元，一般人更有可能去購買。

身為購物者，我們在判斷東西的價值時並沒有什麼依據；這當中有太多的資訊不平衡——賣方對產品的了解遠比我們多。

Key Points

經濟淨收益 ··

　　消費者的實際付出低於願意付出的，所獲得的價值稱為「經濟淨收益」（net economic gain）。假設蘋果和梨子都是一公斤三美元。你比較喜歡蘋果，願意花一公斤四美元購買。至於梨子，你只願意付出一公斤三‧二美元。

　　如果你以三美元各買一斤，可從蘋果獲得一美元的經濟淨收益（因為比願意付出的價錢省了一美元），但是從梨子獲得的經濟淨收益只有二十美分。

信心在作怪

　　網路拍賣網站（例如eBay）的吸引力之一，就是我們可以看到大家給某樣東西的估價是多少錢，並且從中掌握「得標價」的線索。大部分人對自己判斷價值的能力非常沒有

信心，這就導致行為謹慎，尤其是在買賣雙方的資訊不平衡時。舉例來說，一個買二手車的人，掌握車輛的資訊就遠不如賣方多。他們可能因此戒慎小心，擔心想買的車子可能有隱藏的缺陷，打算付的錢就不如信心十足的時候。

為什麼大家付出的錢比應付的多？

而在天平的另一端，則是那些心照不宣地付出比應付更多錢的人。付出更多往往意味著可以獲得更好的品質，或者買到更多功能，又或者可以獲得更好的銷售及售後服務。一般人購買知名品牌的商品，可能是因為這麼做會比較有信心──這是降低購買風險的方法。但是有些購買決定則超出品質與信任。

雖然一件五美元的 T 恤，耐用時間可能不及一件五十美元的 T 恤，但一件要價五百美元的 T 恤，品質未必比五十美元的 T 恤好。你可以用五百美元買一只極好的手錶，但也有人的手錶是一萬美元以上。給一只手錶添加黃金鑽石並不會讓它報時更準確。那為什麼要買？大家重視美觀設計、願意為了好看的東西付出更多，但通常不至於多出九千五百美元。像這種時候，人們多付出是為了社會價值：他們認為這東西可向別人透露自己的訊息。

聲望與歸屬感

　　昂貴的東西就像一個社會團體成員的標章。這同樣可能與信任及風險相關，尤其大家若相信自己認同的團體對一樣產品的判斷，同時又對產品及其他選項所知不多時。「歸屬感」說明了為什麼有那麼多人在買iPhone時，根本沒有和市場上的其他手機做過比較，以及為什麼從服飾品牌到度假地點，都有所謂的潮流時尚。

　　如果不研究這些可能性，如果對自己的品味或社會地位沒有把握，我們就會買「其他人也買」的東西，只要那些人是我們認同、嚮往仿效的人。廣告業者就利用這一點來賺錢，用比目標觀眾更光鮮亮麗或異國情調的背景，展示模特兒在使用產品時的情境。概念是讓你覺得如果擁有這個產品，你也將成為那富有／時髦／誘人／青春的一員。但你並不會變成那樣——你還是一樣的人，只是多了一個產品，還可能為此付出比預期更高的價錢而已。

買吧，我們不想要你買！

　　大部分人都有過被傲慢店員鄙視的經驗。我們要不是硬著頭皮忍耐，就是離開。「他們難道不想要我買東西嗎？」我們在心裡抱怨。嗯，對，他們不想。如果你不是

他們希望光顧這家店的那類顧客，他們會覺得你的存在貶低了他們的品牌。

對有些人來說，這種失禮的對待方式不會嚇阻他們。店員厭惡的模樣反而會增加了產品的吸引力，使得該產品更值得嚮往。這種顧客就是「願望性購買者」（aspirational purchaser）——想買是因為想要變得跟擁有那些商品的人一樣。

背景脈絡就是一切 ‥‥‥‥‥‥‥‥‥‥‥ **Key Points** 🔍

史丹佛與萊斯大學的研究人員拿出兩張完全相同的CD放到eBay上拍賣，起標價都定為一・九九美元。但其中一張CD商品頁的旁邊是其他相同的CD，拍賣起標價是〇・九九美元，另一張CD商品頁的旁邊則是起標價五・九九美元的相同CD。研究人員發現，後者收到的出價更多，結標賣出的價格也比旁邊列出較便宜版本的CD高。也就是說，大家對CD價值的看法會受到其他報價的影響。

接著，研究人員重複測試，但這次增加說明價格差異的文字，並建議顧客比較價格——出價模式因此改變了。人們出價前的觀望時間變得更長，而且相鄰CD的價格並不會影響他們願意付的價格。一旦「比價」不是他們做出的選擇，他們會變得比較不信任且興趣減弱。

奢侈品消費者的四大類別

加州馬歇爾商學院的研究顯示，根據消費者對奢侈品品牌的態度，我們可以將奢侈品的消費者分為四個類別，分別是：上流社會（patrician，舊富）、暴發戶（parvenu，新貴），裝腔作勢者（poseur，錢較少），以及無產階級（proletarian，錢不多）。

「上流社會」買奢侈品的原因，是因為他們在乎品質，還有他們對品牌的忠誠度夠高。他們對炫耀品牌的Logo沒興趣，通常只會挑選那些不浮誇、只有其他同溫層才會認得的設計。

「暴發戶」就會想炫耀奢侈品的Logo，因為他們需要向其他有錢人宣示，「我跟你是同一類的人」。他們會購買Logo醒目的LV行李箱、Gucci太陽眼鏡、華麗的紅色法拉利跑車，以及特色鮮明的魯布托（Louboutin）紅底鞋。

「裝腔作勢者」雖然也喜歡炫耀奢侈品的Logo，但他們未必有能力負擔得起，因此他們會尋找廉價的相似品牌和進口的仿冒品，而那些商品正巧是上流社會和暴發戶避之唯恐不及的。至於「無產階級」，他們並不在乎形象，只買他們喜歡且負擔得起的東西。

這項研究的結果便是，許多像LV、Gucci這類的奢侈

品牌，它們通常會區分出兩種類型的產品：一種虛華浮誇，賣給暴發戶；另一種低調內斂、但價格更高的產品則賣給上流社會。其他較便宜的相似品，及「山寨」產品的設計走向，主要是以「暴發戶」為目標，因為那是「裝腔作勢者」仿效的對象。

	財富 ➝	
對社會地位的渴望 ⬇	無產階級	上流社會
	裝腔作勢者	暴發戶

買吧，貴著呢！ .... **Key Points**

　　商業心理學家羅伯特·席爾迪尼（Robert Cialdini）舉一位珠寶商為例，對方的綠松石首飾賣不出去。她打算打五折促銷，卻不慎將價格標錯成原價的兩倍。突然間，大家發現綠松石首飾價格昂貴，以為該飾品特殊、不尋常而將它買走了。

窮得只剩下錢

誰會買以下這些東西呢？

- 十萬美元的黃金 iPhone。
- 五萬美元的黃金鑲鑽藍芽耳機。
- 一盒一百七十五美元的黃金釘書針（沒錯，就是裝訂紙張用的釘書針）。
- 五萬美元的鱷魚皮雨傘。
- 一萬五千美元，外殼鑲鑽的隱形眼鏡。

答案是：暴發戶！

Chapter 12

為什麼你找不到錢多事少離家近的工作？

勞動市場的好壞，是影響一個國家經濟成長率很重要的一環，既然名為「市場」，它同樣也與供給和需求密切相關⋯⋯

傳統的工作生涯模式，可能是一個人在十六、十八，或二十一歲開始工作——端看你受教育的時間多長，然後延續四、五十年，之後退休。但這種模式愈來愈不平常了。現在的人會有失業的時候，放棄支薪工作照顧幼兒或年邁的親人，早早（或晚）退休，然後再參加職業訓練、回去讀書，或者有些人從此就不再投入職場。

勞動力的需求

勞動是生產的要素之一，其他還有土地和資本。沒有勞動，東西無法生產或銷售。就算我們想像有一個完全自動化的工廠在製造商品，還是要有人維護和修理機器、處理訂單與採購原物料、行銷商品，或許還要有不同的公司生產那些製造商品的機器。

勞動市場

勞動有市場，就像商品與服務，此外，生產的其他環節也有其市場。勞動市場遵循我們熟悉的供給與需求曲線模式（請見第3章）。當有勞動的需求卻沒有足夠的工人，薪資會隨之上漲；當找工作的人超過適合他們的工作職缺，薪資會隨之下跌。

勞動與人力資本——透過訓練、教育和經驗培養的技能——密切相關。

可以互換的工作與勞工

有些工作類型需要的技能或個人特質很少，所以大部分人都能勝任。舉例來說，在影片放映場次之間打掃電影院的工作，幾乎有正常行動能力和視力的人都能做。這代表人口中很大比例的人做得到，只是並非所有人都想做。

還有許多工作不需要技能和訓練。假設有個毫無訓練的人，想要一個無需技能的工作，有兩個工作的薪資金額相同：一個是在農場採水果；另一個是在電影院撿垃圾。這個人可能應徵電影院的工作，因為可以看到電影，工作時間說不定也更能配合他們的其他責任（例如照顧孩子）。或者可能應徵農場的工作，因為他比較喜歡戶外的工作。如果電影院或農場業者發現自己無法吸引到勞工，就可能決定提高薪酬。於是應徵者必須決定，哪些因素對他們更重要：更高的薪資，還是戶外工作／看電影？

勞工太少：勞動的需求

在一個較少人願意做的工作市場中，雇主被迫提出獎

勵誘因吸引員工。這些誘因可能包括更高的報酬、更彈性的工作時間，或是額外的福利（也許是農場的免費水果）。任何產業影響勞動需求的因素包括：

- **其他生產因素的價格**：如果自動化的價格下跌，勞工將被機器取代。
- **效率提高**：如果工作實務更具生產力，需要的勞工就愈少。
- **商品的需求**：如果需求上升，勞動的需求也會增加，這樣才能提高商品供給。

　　勞動市場和其他市場一樣，都遵循供需法則。額外的動力誘因可以吸引新的勞工加入市場。或許報酬提高意味負擔得起兒童托育或交通費，讓他們可以接受工作；或者年紀較大的人因此延後退休，以便賺取更多收入。隨著更多人進入市場，勞工的供給上升，更高的需求獲得滿足──薪酬不需要進一步提高，因為如果提高了，從事需要技巧工作的人，可能決定換個比較無聊的工作，以換取更好的報酬，於是勞工的數量會迅速增加。

　　此外，市場是相互關聯的：如果一家電影院支付清潔

工的薪水太高，電影票的價格就得上漲，才能彌補成本。於是，去看電影的人會變得更少，需要的清潔工也將隨之變少——薪水將再次下降。

可替代性

如果物品之間能輕易互相交換，就能說它擁有可替代性。如果是獨一無二的，那就擁有不可替代性。比方說，紙盒裝的半脫脂牛奶是可替代的：每一盒都與其他盒相同，互相調換也不會有影響。原創的藝術品則是不可替代的：每一件都是獨一無二，具有不同的價值和歷史。但工作與勞工的可替代性大不相同，完全取決於工作的本質。一般來說，無需技能的工作可替代性較高，需要技巧的工作可替代性較低。

當勞動力充足時

假設勞工太多，而無需技能的工作卻太少。那麼影響勞動供給的因素就有：

- **人口變化**：出生率上升會導致未來的工作人口增加；出生率下降會導致未來的勞工變少。
- **移民**：如果勞工大量遷移到另一個地區找工作，由

於創造更多勞動力，該區的薪資水平可能下跌。

● **稅率**：這會影響到工作的邊際效益——如果稅務安排意味著努力加班只能獲得很少，甚至沒有額外的收入，那麼一般人可能不會想增加工作時數。

當勞動力的供給充足時，雇主就不需要提供額外的誘因。因為即使他們開出低薪，依然能填滿職缺。至於薪資可能下降至哪一種程度，取決於特定國家的狀況，以及政府是否有出手干預勞動市場。有些國家有法定的最低薪資，所有雇主必須至少支付這個金額給勞工。有些國家則有社會福利制度幫助失業者，或者補足低報酬工作的收入。而這些慷慨的社福制度也意味著：如果能從政府補助中獲得一樣多的收入，很多人可能就不會再做那些低薪的工作。

如果政府提供補貼給從事低報酬工作的人，雇主就能用低薪雇用他們而不怕受罰。相反的，如果沒有相關的管理法規、也沒有社會福利支援，即使雇主以低薪、高工時剝削勞工，同樣也能不用受罰。大部分已開發經濟體都有制定法令，規定最低薪資與條件，試圖避免資方剝削勞工，但有些企業會藉由將業務外包到不適用這些法律（或

未強制執行)的地方來規避這一點。

當勞動力短缺時

　　高失業率未必代表工作難找。即使在經濟衰退期間，有些技能依然有高度需求。儘管許多經濟體的失業率相當高，雇主有時候也會抱怨他們找不到需要的員工。這通常是指擁有特殊專長或技能的人，例如工程師、外科醫生。這些職位要求高薪資，因為做起來有其難度，而且是員工投入大量時間、心力(或許還有金錢)才學會的。他們希望賺取的收入比沒有技能的勞工更高，以回報自己的投資。失業的人要重新訓練成工程師或外科醫生並不是一件簡單的事，所以高需求不會快速導致勞動供給增加。

其他因素

　　勞動市場會因為金錢以外的因素而變得更複雜。一個人有著成為獸醫的炙熱企圖心，不太可能只因為會計師的工作機會多，就接受會計工作的訓練。一個想要成為音樂家卻擁有工程師學位的人，可能還是會選擇當個音樂家，賺著比當工程師少的錢。她甚至可能會找個不需要技能的工作來維持生計，同時努力在音樂路上闖出一番事業。對

她來說，從音樂家身上得到的滿足感，比金錢或工作安穩更重要。

另一個問題是，某些國家的學校或大學體系產生的潛在求職者，可能不具備雇主需要的資格或技能。雇主因此可能覺得有必要自己訓練新員工，這樣做不但費時且代價高昂。

舉例來說，應屆畢業生中擁有IT素養的人才可能不多，或者有管理文憑的人比管理職缺多，但是國際貿易所需的外語人才卻較少。會說中文或阿拉伯語的人可能短缺，這時候若有人能以其中一種語言進行商業談判，這個人就比只會說英語的人搶手。

大家都需要生存

勞工有額外的需求，例如負擔得起的住宅、孩子的學校教育、確實可靠的通勤工具等等；這些因素對勞動市場都有影響。

舉例來說，高住屋成本可能迫使有技能、和沒有特殊技能的勞工搬離一個區域。這個時候，薪資就得上漲，住屋與交通成本就得下降，以避免出現勞動短缺。這在全世界的許多城市已經是重大議題。政府必須決定是否出手干

預，例如提供低成本的社會住宅、補貼大眾運輸，並增加學校教育和醫療照護，吸引勞工回到城市。

勞動力的流動性

勞動市場也會受到潛在勞動人口的流動性影響。這出現在兩個部分：地理流動性與職業流動性。

「地理流動性」指的是願意、而且能夠為了工作而遷移。前蘇聯解體後，大量東歐勞工遷往西歐就是一個例子——水管工人、電工，以及其他有專長技能的勞工往西遷移後，輕易就能找到就業機會，因為他們願意接受比西方同業更低的薪資、更長的工作時間。

「職業流動性」指的是有人願意、而且有能力轉換職業，例如從美髮師轉職成游泳教練。在無需技能或半熟練技能的勞動市場，這相對容易。至於需要專門技能的工作，這就有其困難，因為勞工需要更長的時間才能學會必要的技能。勞工可能不願意、或沒有能力接受不同類型工作的再訓練。

政府干預

政府直接干預和立法的改變，也會影響就業市場——

如果政府設定最低工資，短期的影響可能是職缺減少、失業率上升。但是歐洲的經驗顯示，以長期來說，設定最低薪資可以增加勞動的需求。較高的薪資意味著雇主和勞工會對工作投資更多，生產力因而得以提升。

立法也會讓雇主付出更多成本或責任（例如企業年金），這有可能會導致人事縮減。如果政府給予雇主補貼，也許是雇用中輟生或身心障礙人士，就可以促使特定勞工群體有更多工作機會。同樣的，如果政府放寬工作報酬和條件的法規，或者減輕就業者的財務負擔，勞動的需求也可能因此上升。

勞動市場還會受到「反歧視法」的影響，這種法令會增加可用的勞工數量，例如補貼兒童托育（讓更多家長可以投入就業市場），以及鼓勵或補助職業訓練方案；放寬或緊縮移民的控制，也可能影響勞動市場，因為這會增加（或減少）雇主可用的外籍勞工數量。

Chapter 13

國營企業應該
民營化嗎？

有些國家的公共事業、工業和基礎建設等公司，
是由政府擁有；而在其他國家卻是交由民間經營。
如果由你來作主，你會怎麼做？

所有政府都同意，有些商品與服務是不可或缺的。包括乾淨的飲用水、天然氣與電力、軍事國防、警察與司法體系等等。只不過，各個政府對於應該如何供應這些商品與服務卻有不同看法——應該是由國家擁有還是由民間擁有？應該以固定價格獨占經營，還是應該讓自由市場的力量決定成本？在一些自由市場經濟的國家，天然氣與電力等公用事業是由國家公營，但在其他國家則是民間持有。這種決策的根據，政治因素通常與經濟因素不相上下。

社會財的種類

經濟學家區分出「公共財」與「私有財」。令人困惑不解的是，這裡的「財」（goods）和有別於服務的商品（goods）不同；這裡的「財」包括服務，以及任何會給人帶來利益的東西。

私有財是指那些供給有限、而且「有人會被排除在外」的東西。如果某樣東西的供給有限，一個人使用了就會妨礙另一個人使用。舉例來說，如果我買了一片披薩然後吃掉它，這片披薩就永遠消失、再也沒有人能吃到了——這就會讓「披薩」成為一種競爭性商品：每個人都會成為消費中的競爭對手。

私有財也具有排他性，意思就是有人被排除在使用之外。一般人只有花錢買票才能去戲院看電影。沒有票，就會被排除在外。

公共財則沒有競爭性也沒有排他性。意思就是一個人使用了，並不妨礙另一個人使用，而且不會有人被排除而無法受益。例子包括路燈、國防與煙火表演。一個人能夠使用路燈或享受煙火表演，並不妨礙其他人跟著一塊使用與享受。同樣的，沒有人會被排除在國防、路燈或看煙火的好處之外，而且通常也不能選擇將自己排除在外。許多公共財是不可拒絕的。一般人無法單獨拒絕國家的太空計畫，或是在飲用水中添加氟化物。

「半公共財」或「準公共財」會含有一些私有財的成分，所以可能具有排他性。使用圖書館有排他性：沒有借書證的人不能借書，即使圖書館可能是由政府的稅收中撥款、核發借書證時也不用付費。但圖書館又是非競爭性：一個人使用圖書館，並不妨礙另一個人使用。有些東西是半公共財，因為可能變得有競爭性。舉例來說，道路網如果在某些橋梁或路段設有收費站，可能就是半公共財；海灘若是在尖峰時間人潮太多，容納不了更多遊客，也可能是半公共財。

搭上免費享用的順風車

許多政府必須提供的商品與服務，不是公共財就是半公共財。非排他性商品會給政府帶來問題，因為它們不能只提供給「付費的人」，卻拒絕給其他人。這導致搭便車（free-rider）的問題——大家受惠於一項服務，卻沒有人為服務的代價做出貢獻。

想像有個名為「新烏托邦」的國家，想要建立自由市場經濟——政府認為應該由大家選擇如何花用自己的錢。新烏托邦的公民極少有人願意為下水道、軍隊、警力，以及路燈等事物出錢。他們甚至根本不想花錢去建立政府。大部分公民只想開心過活——度假、享受夜生活和擁有跑車。由於他們的財政資源有限，如果要在「購買國家軍備」和「給自己買新車」之間做選擇，大部分人都會選擇買車。只不過，他們很快就會發現：他們不願意付費的物品是沒有排他性的；即使他們沒有付費，所有公民也都能從公共服務中得益。

當一個國家有太多「搭便車」的人，就會引發問題。若沒有錢支付公共服務，基礎建設將開始崩潰，罪犯將因警力缺乏趁虛而入。沒有人能保證自由市場在公共服務上的投資足夠，或者有手段將之維持在一個合格的水準。因

此，政府發現：無論他們多強力保證自由市場原則，有些東西仍是大眾必須付錢的，無論他們喜不喜歡。政府讓人民為公共服務付費的辦法，就是課稅（請見第8章）。

半公共服務，例如游泳池和運動中心，興建與維護都所費不貲。但是對那些負擔不起私人運動俱樂部會員費的人，卻有莫大的健康效益。

殊價財

有些公共財和部分私有財也被歸類為「殊價財」（merit goods）。這些殊價財有益於整體社會，包括教育、醫療照護、運動設施、博物館、圖書館和公共廣播等。如果殊價

財完全交由自由市場，我們無從保證民間公司會以人人負擔得起的價格，提供足夠的設施給所有需要的人。由於這些設施造福整個社會，大部分政府會選擇至少免費提供一部分，或者讓大家以低廉的價格付費使用。

受益於教育或疫苗接種資源的人，看似就只有那些人。但實際上整個社會都會因為有教育水準提高而獲益，因為這通常會導致勞動人口更有生產力，而觸動經濟成長。同樣的，如果大部分人口都接種疫苗，就會降低傳染病散播的風險，整個社會也會因為「群體免疫」而受益。

劣價財

和殊價財相反的是「劣價財」（demerit goods）──意指市場過度供應那些對社會有害的東西，例如毒品、酒類與菸草製品。

對此，政府可以從幾個方面進行干預，包括：禁止劣價財（就像禁止毒品交易一樣）；利用課稅手段提高商品的價格，進而減少人民的消費（就像菸草與酒類）；此外，也可以透過教育和宣傳活動，勸阻民眾購買及使用這些商品。

為你不想要的東西付費

政府還可能基於好幾個理由，強制大家要為那些你不想付費的東西買單，而且有各種不同的做法。舉例來說，大家可能被迫、或被說服要為教育付費（為自己的孩子或別人的孩子）、為汽車保險與健康醫療保險付費，以及繳納退休基金等。

政府可以透過課稅或立法，確保眾人有乖乖把錢掏出來。比方說，若你想開車上路，取得汽車保險就是合乎法律的條件，以保證萬一發生車禍，傷害了其他用路人或損毀他們的車輛，你可以賠償給其他人。其他可能是法律規定條件的，還有繳納退休基金或醫療保險，或者這筆錢可能是從你的收入中扣除。政府或許會以廣告或公開資訊宣傳，盡可能說服大家要繳納退休基金，或者將接種疫苗當成兒童註冊入學的法律要件。

服務公眾的工作由誰來做？

一旦中央或地方政府決定挹注哪些公共財或服務，就必須選擇「如何提供」。政府可能自己雇用員工，或者簽約委託給民間公司提供服務。政府會將所有可能需要的員工都納為長期雇員，但這樣做並不經濟。舉例來說，地方

政府不會雇人專門維護道路，而是在有需要的時候，付錢交由民間公司進行。另一方面，學校需要一定數量的長期教師，所以教師是由地方當局直接全年聘用。

基本產業應該民營化嗎？

究竟國家應該提供多少服務（以及何種服務），各界的看法各不相同，而且隨著執政者的更迭，政府提供的服務也會有所不同。

民營化的優點	民營化的缺點
改善效率，因為民間公司會透過削減成本，追求利潤最大化。	商品或服務的水準下降，因為經濟考量被放在服務品質之前。
能夠採取長期觀點；主事者不會受到選舉任期的限制。	股東的期望可能高於員工、企業本身，以及消費者的需求。舉例來說，若股東希望持股能分派高股利，就可能投票支持，而不是支持拿盈餘去購買新的車廂或管線，長期改善服務。
如果競爭加劇導致產品或服務的價格下跌、質量的水準上升，那就有益於消費者。	以自然獨占事業來說，例如自來水公司，由於缺乏競爭和政府管制，可能導致消費者被剝削（價格調高，服務卻變差），因為消費者沒有其他選擇。
缺少政治干擾；例如，國營機構可能因為政治影響而不願意縮減人事。	可能導致碎片化，部分責任區域或部分市場遭到忽略或遺忘。
出售機構股份可為政府籌措資金。	民營化只會帶來一次性的現金挹注，機構稍後獲得的利潤對政府幾乎沒有任何益處（只有帶來稅收）。

通常一個國家的經濟結構愈傾向於自由市場，民營化的基本服務就愈多，有些原本屬於國營的事業，也可能出售給民間投資人。

　　過去五十年，英國政府廉價出售了許多國營服務，包括英國天然氣、英國電信、英國郵政及英國鐵路等。提出民營化有理的論點是，這些服務交由民間部門經營會更有效率及競爭力，這對消費者有益。事實上，英國許多民營化的服務，現在大多是由海外的國營企業在公開市場收購股份而擁有。這些企業的獲利大多流往海外的國營機構或股東，並未再投資以造福英國消費者。

　　右傾的政府通常偏好支持民營化，而左傾的政府則可能將更多民營化服務轉為國營或公共所有，甚至會將那些出售給民間部門的產業重新收歸國有。英國的鐵路網基礎建設（包括軌道、車站與交通指示信號）就是一個很好的例子──先是民間擁有，後來被收購為公有，又再次民營化，最終又重新國有化（事實證明，無論公營或民營都未能提高效率）。

　　許多經濟學家都認為，民營化對於那些非自然獨占的產業是合理的選項，而且自由市場競爭將確保該產業維持低價格、高水準。電信公司就是一個例子──在競爭激烈

的市場中有許多不同的電信業者提供服務，但對民營化業者來說卻沒有什麼不利的影響。相對的，供水就屬於自然獨占的產業——消費者沒有選擇的機會，所以也沒有市場驅動的誘因促使供應者降低價格，或提高服務水準。

Chapter 14

通貨膨脹是好事還是壞事？

同樣的一張鈔票，能買到的東西卻只有十年前的一半不到。沒有人喜歡物價越來越貴，但物價停滯不前，對經濟發展卻絕非好事……

所謂的「通貨膨脹」，是指物價隨著時間持續上漲；通貨膨脹會降低金錢的購買力。意思就是今天的一美元、一英鎊或一歐元，買到的東西會比去年少。舉例來說，如果你有一美元，一條巧克力棒要價〇·九九美元，那你可以買一條。如果通貨膨脹將價格推升到一·〇一美元，你就買不起巧克力棒了。

一籃子商品

通貨膨脹是在經濟體內衡量比較，顯示物價隨著時間經過的變化。由於個別項目的價格會受許多因素影響，所以通貨膨脹的衡量，是從一般家庭購買的商品與服務中挑選，做價格追蹤。這些商品稱為籃子——「市場籃」（market basket）或「消費者套裝」（consumer bundle）。

籃子代表一般人可能購買的東西種類。在英國，大眾化的主要食品和必需品，如培根、茶葉、麵包、牛奶和汽油，從一開始就納入籃子中。選擇這些項目，是為了反映它們在民眾消費模式中的重要性。但是這些項目會隨著時間改變，所以隨著流行風氣（或採購模式）改變，消費籃會增加或減少特定的商品與服務。以二〇一五年為例，優酪乳和衛星導航等商品被剔除，籃子中又增添了番薯和訂

閱制的串流音樂頻道（例如Spotify）。

這代表優酪乳和衛星導航的普及程度下降，番薯和Spotify的流行程度增加。籃子中還包括了一般公用事業費用；交通成本，例如鐵路季票；娛樂，例如有線電視訂閱和電影票；兒童托育和療養院的支出；一次性大型採購，例如度假、汽車與冰箱等等。英國在一九四七年推行「籃子」時，納入了一百五十項商品與服務；到了二〇一五年，數量增加到超過七百項。

消費者物價指數

我們可以透過監測「籃子」的價格變化，看出物價是上漲還是下跌。這就稱為「消費者物價指數」（CPI）。想像有一年，籃子裡的商品價格為三百歐元。我們稱之為零年（Year 0）。隔年（第一年）的價格為三百三十歐元，再隔年（第二年）是三百九十歐元。

計算CPI必須要有一個基準年；我們就以「零年」為基準。CPI的計算方法如下：

$$\frac{\text{本年度成本}}{\text{基準年成本}} \times 100$$

所以基準年（零年）：

$$\frac{300\,\text{歐元}}{300\,\text{歐元}} \times 100 = 100$$

隔年（第一年）：

$$\frac{330 \text{ 歐元}}{300 \text{ 歐元}} \times 100 = 110$$

再隔年（第二年）：

$$\frac{390 \text{ 歐元}}{300 \text{ 歐元}} \times 100 = 130$$

於是我們可以求得CPI分別為：100、110及130。而通貨膨脹率就是從兩年之間的CPI差異計算而得，因此第一年的通膨率（零年至第一年）為110 － 100 ＝ 10％。隔年的通膨率（第一年至第二年）為130 － 110 ＝ 20％

CPI 的盲點

CPI和任何工具一樣都有其局限。首先，CPI未能考慮到消費者有智慧與自主性，也就是說，消費者會隨著價格變化而調整消費採購的行為——如果蘋果非常貴，消費者會少買蘋果，多買其他水果。如果早餐穀物片非常便宜，消費者就可能多買穀物片，少買牛角麵包。這稱為「替代偏誤」（substitution bias）；一般人會設法用一種物品去替代另一種物品，以削減支出。

此外，商品與服務的品質變化也沒有反映在CPI上。舉例來說，如果科技變遷改善了「籃子」中一項商品的品

質，但該商品的價格卻維持不變，這對消費者有益，然而CPI並不會反映這一點。

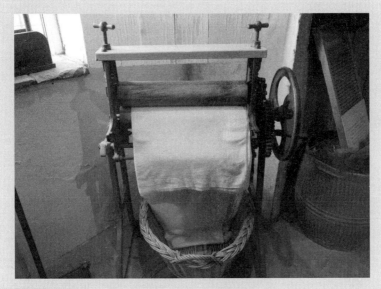

物價為什麼會上漲？

經濟學家經常會關注造成通貨膨脹的兩個原因：成本推動（cost-push）和需求拉動（demand-pull）。

「成本推動型通膨」發生在生產相關的成本上升時（薪資、稅負、進口和原物料成本）。隨著製造或供應服務的成本上升，如果企業要繼續獲利，產品的價格也必須上漲。所以成本上升推升物價。

「需求拉動型通膨」發生在商品與服務的需求大於既有供給能滿足的程度，於是生產者可以要求更高的價格，也趁機提出這樣的要求。這種情況往往發生在經濟成長時──大家有更多錢可花，所以商品與服務供不應求。

通膨的不良影響

我們很容易了解大家為什麼不喜歡通貨膨脹──商品要花更多錢；同樣金額的錢能買到的東西變少。當你負擔不起時，生活就沒那麼多樂趣了。不過整體而言，薪資也會隨著通貨膨脹上漲，所以除非通膨出乎意料或失去控制，否則影響不大。通貨膨脹來臨時，受創最重的人，是那些靠固定收入或積蓄生活的人。積蓄的價值被通膨侵蝕，因為同樣的存款能買到的東西變少了。

當通膨往下降……

　　一般來說，通貨膨脹是經濟欣欣向榮的徵兆：「需求拉動型通膨」顯示大眾富足興旺。在近幾年的經濟混亂中，通貨膨脹一直偏低，甚至不存在。通貨膨脹的相反是通貨緊縮，發生在物價下跌時。

　　通貨緊縮聽起來好像不錯，因為意味著同樣的錢能買到更多東西。但經濟學家和政治人物不喜歡通貨緊縮。通縮一般是由貨幣或信貸供給下降所引起，意味著大家沒有能力買那麼多。因此，價格下降才能誘使大家多花錢。通

貨緊縮可能導致（或促成）衰退或蕭條。隨著買氣停滯，物價下跌，銷售利潤也跟著下跌，企業可能得解雇員工並削減生產線。失業率升高，代表大家能花的錢又更少，於是需求進一步下跌——經濟落入惡性循環，需求減少導致價格降低、獲利下滑、就業情況萎縮也造成需求和支出進一步減少。

一九九〇年代初期，日本曾出現一段時間的通貨緊縮。日本政府將利率調降至零，企圖提振消費，但是未能快速達到期望中的效果。直到二〇〇六年，日本經濟才開始復甦。歐洲與美國在二〇一〇年代企圖避開通貨緊縮，方法則是透過量化寬鬆——創造更多金錢並釋出到經濟中，以提振消費支出（請見第9章）。

當通膨往上飆……

通膨太過可能比太少更糟。「惡性通貨膨脹」（hyperinflation）出現在物價上升至完全失控時。歷史上最有名的惡性通膨例子，發生在一九二一到一九二四年的德國威瑪共和時期。德國舉債支應第一次世界大戰的損失，該國貨幣在國際上的價值，從戰爭初期的四‧二馬克兌一美元，到了一九一九年底時，貶到了三十二馬克兌一美

元。由於需要以黃金或外國貨幣支付第一次世界大戰的賠款，一蹶不振的德國必須不惜代價買進外國貨幣，只好印了愈來愈多的馬克。結果就是讓馬克的價值跌得更深，到了一九二一年底時，已貶到了三百三十馬克兌一美元。

　　一九二二年，為了處理戰爭賠款危機而舉行的協商宣告失敗，馬克的價值直線下跌，於是出現惡性通膨。到了一九二二年十二月，匯率來到八百馬克兌一美元；僅僅十一個月後，匯率已經超過四‧二兆馬克兌一美元。以一九一四年為基準年的躉售物價指數（WPI），當年以一為基準，一九二三年十一月時達七千兩百六十億。印製的紙鈔面額是以億、十億，甚至最後的兆馬克為單位；印製的最大面額紙鈔是一百兆馬克。到了危機結束時的一九二三年底，三百家造紙廠和一百五十家印刷公司，動用了二千台印刷機日夜趕工印製貨幣。

面額為一千億的德國馬克紙鈔

這對德國人民造成的影響是災難性的——惡性通膨之前所持有的任何貨幣都不值錢，一棟房子的價格買不到一條麵包。等到大家明白自己的錢失去價值，便開始快速地把錢花掉。這又進一步推升物價，增加通貨膨脹率。起初，有錢人把錢轉移到藝術品、黃金、珠寶和不動產，但是後來連普通人也開始瘋狂掃貨——什麼都買。另一套建立在「以物易物」之上的經濟體系開始發展。這是實際需求，因為到了一九二三年十一月，一條麵包要價二千億馬克，一顆蛋要價八百億馬克。這些商品的成本是一九一四年的五千億倍。

> 上午十一點時氣笛響起，人人都到工廠的前院集合，一輛載滿紙鈔的五噸貨車駛過來。出納主管和助手爬到頂端。他們念出名字，然後丟下一綑綑的鈔票。大家一拿到鈔票，立刻衝到最近的商店，有什麼就買什麼。
>
> ——威利・德寇
> （Willy Derkow），
> 一九二三年的德國學生

當鈔票比壁紙便宜

隨著情勢惡化，德國民眾只得用手推車運錢。這時候沒有價值的鈔票被拿來當壁紙用，或是給小孩子當勞作紙玩，因為其價值還不如真正的玩具。右圖顯示民眾在爐灶上燃燒一綑綑的鈔票，因為紙鈔的價值還不如柴火。

工人在工作開始前領到薪資，然後工廠會給他們半

小時的時間，讓他們趕在
薪資變得一文不值之前把
錢花掉。有些工人一天發
薪三次；他們會立刻把錢
交給等在工廠大門口的親
人，讓他們拿去花掉。一
杯咖啡的價格，在喝完這
杯咖啡之前就翻漲了一
倍。服務生站在桌邊，每
半個小時宣布一次菜單修
改過的價格。

混亂的尾聲

　　這種惡性通膨的情況，最終在一九二三年十一月被新
發行的貨幣「地租馬克」（Rentenmark）解決了。由於政府
沒有黃金可以支持貨幣，於是就以農業和商業用地做抵
押。這些土地在一九一三年時共抵押價值三十二億馬克的
貸款，因此發行了三十二億的地租馬克。一地租馬克的價
值為四‧二美元（第一次世界大戰之前馬克的價值）。新
貨幣的交換匯率為一地租馬克換「一兆舊馬克」。

沒有最糟，只有更糟

德國的惡性通膨非常嚴重，但辛巴威的經驗甚至更糟。一九八〇年推出的辛巴威元，經歷過三次官方更改幣值；到最後，第四代辛巴威元的價值為第一代辛巴威元的 10^{25}（也就是十的二十五次方）。二〇〇九年四月，辛巴威元被正式廢棄，該國的所有交易都以外幣進行，包括美元、南非蘭特（rand）、英鎊、歐元、盧比和人民幣。

Key Points

兩頭落空

「停滯性通貨膨脹」（stagflation）是由停滯（stagnation）和通膨（inflation）組成的複合字。市場出現停滯性通膨意味著經濟幾乎沒有成長，而且穩定維持高失業率。另一方面，通膨依然居高不下。這不是良好的經濟環境——所得不可能跟得上物價的腳步，於是生活水準下降了。

一九七〇年代已開發世界曾發生停滯性通膨，當時出現中東石油危機，推高油價，這意味著大部分商品的價格也跟著上漲。同樣上漲的還有用來運送產品的各種運輸價格，以及供暖與發電。由於物價上漲並未伴隨經濟成長，薪資沒有跟著通膨上升，大家變窮了。一九七〇年代的停滯性通膨，因各國央行過度刺激貨幣供給而持續不斷，導致物價／薪資惡化不斷加劇。

麥片粥定價

通膨太高或太低，都是經濟不健康的徵兆，所以政府會致力於達到適量通膨的「金髮女孩地帶」（Goldilocks zone，即經濟成長與通膨並存）。一般認為這個範圍大約在二至三％。這個範圍容許控制經濟成長，物價又不會超過薪資，而且有足夠的需求讓供應者擴大產出。

Chapter 15

如果你是那 99% 誰才是那 1%？

「不平等」是現代經濟的災難，經濟學家帶你從所得、財富與消費的差異，釐清為什麼「毫無節制的不平等將導致災難」？

一般人在談論「不平等」的問題時，態度都會很謹慎。我們可以用「捐錢給慈善機構」來解決貧窮問題（哪怕只是一點點的幫助），但若要解決不平等的問題，我們之中的某些人必須意識到：比起那些幾乎一無所有的人，「我們所擁有的實在太多了」──大部分的人想到這一點，都會感到不自在。

至於經濟學家，他們會從以下三個面向去思考所謂的「不平等」：

- 所得的差異
- 財富的差異
- 消費的差異

日益擴大的落差

一九七〇年代，美國金字塔頂端的一％人口，占有全國收入的約一〇％。而現在，他們已占了全國收入的二〇％以上。但是那最頂端的〇‧一％人口，占有的比例卻提高到全國收入的八％，幾乎和四十年前頂端那一％的人口一樣多。

二〇〇五年，華倫‧巴菲特和比爾‧蓋茲的財富，差

不多和美國底層四〇％人口（一‧二億人）的財富一樣多。這不是美國獨有的問題。在最接近自由市場模式的資本主義國家，影響最為顯著。英國的財富不平等逼近美國。根據樂施會（Oxfam）在二〇一四年公布的數字，全世界一％的人口擁有四六％的財富，而最富有的八十五人，他們擁有的財富差不多和全世界人口最貧窮的那一半（三十五億人）一樣多。

現在你看到了……

二〇〇七年，美國人已經看到自己的國家分裂成「富人」和「窮人」。二〇一四年的一份調查詢問美國公民，他們認為老闆的薪酬和員工的薪酬是什麼樣的關係，以及應該是什麼樣的關係。平均來看，大家認為大約是30:1，而兩者的關係應該是8:1左右，但有些人估計這個比例高達354:1。平均來說，執行長的薪酬一年大約是一千二百萬美元，員工的薪水大約是三‧四萬美元。一九六〇年代的美國，一般執行長的收入大約是普通員工的二十倍，到了二〇一四年，這個比例增加了十七倍。

其他國家的情況雖然沒有那麼糟，但也不健康，你可以參考以下的表格：

	實際比例	大家認為的實際比例	大家認為的正常比例
波蘭	28:1	13.3	5
丹麥	48:1	3.7	2
日本	67:1	10	6
以色列	76:1	7	3.6
英國	84:1	13.5	5.3
澳洲	93:1	40	8.3
法國	104:1	24.2	6.7
西班牙	127:1	6.7	3
德國	147:1	16.7	6.3
瑞士	148:1	12.3	5
美國	354:1	29.6	6.7

畫出不平等

羅倫茲曲線（Lorenz curve）描繪出「人口累積百分比」相對於「所得或財富累積百分比」之間的關係（請見右頁的圖）。這意味著位在左側極小比例的人口，賺取極小比例的所得；而位在右側的所有人口，賺取到所有的所得。只要觀察像是最底端一〇％，或最頂端二〇％所賺取或所擁有的百分比，很容易能看出社會的不平等程度。

下面張圖顯示：二〇〇九年的南非是非常不平等的社會；最底層的二〇％家庭賺取的收入，不及全國的五％；而頂端一〇％的家庭卻賺到超過五〇％的收入。如果在「人／所得為零」到「人／所得為一〇〇％」之間畫一條四十五度角的直線，可以顯示出在一個人人收入相同、完全平等的社會中，這條曲線會長什麼樣子。順著這條直線你會發現：二〇％的人賺取二〇％的收入，五〇％的人賺取五〇％的收入——每一個百分點的人，都賺取一個百分點的收入。

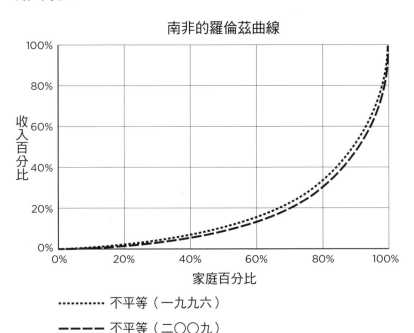

南非的羅倫茲曲線

有史以來最富有的人，是墨西哥商業巨擘卡洛斯·斯利姆·赫魯（Carlos Slim Helú），他擁有的事業橫跨諸多產業，從土木工程、電信到音樂和醫療照護等無所不包。他持有的股票約占墨西哥證券交易所的四〇％。他以八百一十六億美元的個人財富，名列二〇一四年《富比士》的富豪之一；他曾捐出四十億美元給慈善事業（占他的財富五％）。

吉尼係數——衡量不平等的基準

從右頁的圖可以看出，代表平等的直線與羅倫茲曲線兩者的差異，顯示一個社會不平等的程度。比較羅倫茲曲線下方的區域B，和直線下方的區域A，我們可以得到一個不平等的衡量基準，稱為「吉尼係數」（Gini coefficient）。這個衡量基準是由義大利經濟學家柯拉多·吉尼（Corrado Gini）在一九一二年發明的。

吉尼係數是以0到1的數字表示（有時候是0到100），並顯示實際的羅倫茲曲線與完全平等狀況（直線圖）有多大的差異。

吉尼係數的計算方式為：

G（吉尼係數）= A ÷（A + B）

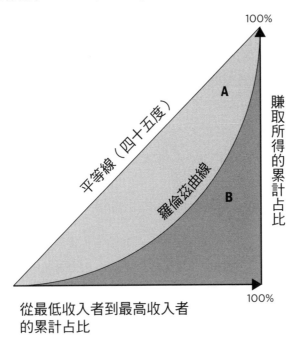

吉尼係數為零，代表「平等的經濟」，每個人的收入或擁有的財富都相同。係數為一，代表「絕對不平等」，所有的東西皆是由一個人擁有或賺取。

誰比較公平、誰又比較不公平？

若以吉尼係數為「不公平」的衡量基準，一直到不久前，全世界最不公平的國家是南非，二〇一一年的係數是0.65（世界銀行的數字）。另一方面，中國的吉尼係數是0.37，美國約為0.41。大部分主要經濟體的吉尼係數都在0.3到0.5之間。

依照計算時是否已計入稅負與社會福利，吉尼係數也會有所差異。因為這些做法是為了讓社會更平等，如果納入計算，係數通常會變低。

舉例來說，法國的稅前吉尼係數為0.485，稅後降為0.293；英國則是從0.456降到0.345，所以英國的稅制在創造公平性方面不如法國。美國的稅前吉尼係數為0.486，幾乎和法國一樣，但是計入稅負之後並沒有減少那麼多——稅後依然有0.380。

> 我們沒有窮人。我們絕大多數的人口都是勞動者；不管是體力勞動還是專門職業，不用勞動就能生活的有錢人極少，而且只是小康。大部分的勞動階級擁有房產，耕種自己的土地，有家人，而且富人對他們的勞動有需求，使得他們可以向富人和有能力的人索取適當的價格，足以吃飽喝足、衣著體面、適度地勞動，並養活家人。還有什麼社會形勢比這更令人嚮往的呢？
>
> ——湯瑪斯・傑佛遜
> （Thomas Jefferson）
> 1814

我們是如何走到不平等的？

　　不平等的情況惡化得很快。經濟學家列舉幾個理由，包括：全球化、依賴科技程度增加與新自由主義政治。

　　全球化是隨著科技與交通的進步而出現。企業再也不必局限於當地或國內市場，輕易就能將商品銷售到全世界。現在，我們有一個大約十億人的中產階級全球市場，這些人寬裕有餘財。製造商靠著以量取勝的規模經濟，每件產品的生產成本都降低了——藉由在原物料來源的附近、以及在勞動力便宜的國家設立工廠，通常可以更低廉地製造商品。增加的利潤則流入股東手中，使他們更富有。

　　科技也讓製造商得以用更少的工人、生產更多產品。生產工具的天平從勞動轉移到資本。隨著花在勞動力的錢變少，而把更多錢花在購買科技上，

貧民窟赤裸裸地提醒我們貧富間的鴻溝。

這導致有更多錢流往其他大企業——流向個別工人的錢則越來越少。同樣的，金錢的擁有者則持續累積金錢。

新自由主義政治的觀點傾向於支持市場，因此對企業主的幫助大於勞動者。近年來促成不平等的政策包括：

- **放鬆監管**：減少對企業行為的限制，給它們更多營利的自由，而不是為了勞動者、環境或整體人口的利益。
- **將國有產業及資源民營化**：將這些產業與資源的所有權和管理交給私人，導致他們為股東創造利潤，而不是造福整體人群（請見第13章）。
- **減少課稅**：企圖鼓勵投資產業與創業。高所得者留下更多收入，用於公共財的支出卻減少，因為政府能花用的稅收變少了。
- **減少對加入工會者的保護**：如果勞工無法藉由工會組織，集體提出要求去扭曲市場（例如提高薪資或改善工作環境），那麼市場就會有更大的自由。

最後，文化的轉變讓我們更能容忍所得有天壤之別。隨著貧富差距擴大，這種現象也已經變成常態。

不平等真的算問題嗎？

　　非常富裕的人在捍衛自己的處境時，通常會說他們創造了財富，理應有權利拿走他們創造的大部分利益。有些人說，他們不應該被強迫納稅，因為「創造財富」這件事有益於社會，而且許多有錢人透過慈善捐款幫助窮人（美國富人有從事慈善活動的傳統）。道德和應得的權利當然值得討論，但是比較客觀的看法是，高度的不平等會破壞穩定，而且無法長久持續下去。許多經濟論點都指出，如果任由資本主義創造毫無節制的不平等，資本主義最終會被不平等反噬。

毫無節制的不平等

　　「毫無節制的不平等將導致災難」，這個見解並不新穎。十九世紀時，英國政治經濟學家李嘉圖（David Ricardo）及政治哲學家馬克思主張，一小群菁英份子從所有生產中取走的比例將愈來愈多。以李嘉圖的看法，菁英份子就是地主；以馬克思的看法，他們則是工廠所有者、工業資本家。李嘉圖認為，隨著人口增加，土地將愈來愈稀有，也愈來愈珍貴，所以地主將對使用土地收取更高的租金。流向地主口袋的財富愈來愈多。

馬克思的看法略有不同。在他提出這個觀點的十九世紀中期，城市貧民怵目驚心的淒慘處境隨處可見。土地不再是人們關注的焦點。馬克思看到兒童及年邁的工廠工人受到慘無人道的剝削，在危險的環境中長時間工作並生活在極度貧窮之中，工廠主人卻日益富裕。他預言工廠主人有一條無止盡的累積資本之路，只有在絕望之下的無產階級（普通人）起身反抗時，才會終結。

讓市場順其自然

另一派經濟學家的觀點，則與李嘉圖、馬克斯的「災難末日」看法相反。他們認為只要假以時日，「市場會自己解決問題」——這訴諸於平衡原則，並相信市場如果有機會找到自己的平穩狀態，就能達到平衡。在這個假設的情境之中，亞當·斯密所說的那隻「看不見的手」會引導市場，最終讓一切都好起來。

這個理論有幾個問題，尤其是它可能太過殘忍無情。如果市場需要五十年才能找到自己的平衡，有無數人將會在這段時間內忍受悲慘的貧困生活。同時，這也是一個未

> 就我們所知，機會的平等不復存在；我們正平穩地走在朝向經濟寡頭政治的路線上，如果我們還沒有到達的話。
>
> ——富蘭克林·羅斯福（Franklin D. Roosevelt）1932

經檢驗的理論——若我們想知道最後是否真是如此,我們就得拿全世界的福祉做賭注。

找出模式

經濟學是建立在「統計」之上,而統計是經過嚴謹、精確蒐集和處理的數據。但這類統計資訊所涵蓋的時間範圍,其實仍相當短暫——美國一直到一九一三年才推行所得稅,所以在這之前,沒有納稅申報資料可以看出民眾的所得水準。也就是說,美國的經濟學家只有大約一百年的數據可用。

一九五五年,美國經濟學家顧志耐(Simon Kuznets)根據資料(當時約有五十年的數據)製作出下面這張圖,藉此顯示出令人安心的「不平等鐘形曲線」。

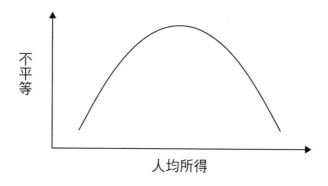

在一九一〇年的開端時，不平
等的程度還相當低，之後在一九二
〇年代升至高點，一九五〇年代再
次下降。以此為基礎，顧志耐假設
成長中的經濟會經歷這個極端不平
等階段，接著會回穩到持久的平等
水準。無論不平等是鐘形（以低水
準結束）還是U形（以高水準結束），皆取決於你觀察的是
曲線中的哪一段。

……因此，現代工業的
發展，是從根基切斷了
資產階級生產及占用產
品的基礎。最重要的
是，資產階級所生產的
是在自掘墳墓。資產階
級的倒台和無產階級的
勝利同樣不可避免。

——卡爾‧馬克思，
《共產黨宣言》，1848

最頂端 1%的所得比例

當然，我們還是不知道接下來會走向哪裡。美國經濟
學家皮凱提（Thomas Piketty）認為顧志耐的模型完全錯誤，

因其受到兩次世界大戰的影響，以及期間發生的經濟蕭條而失真（如左圖）。

富者愈富……

好幾位經濟學家都曾表示，富者愈富、貧者愈貧的趨勢必將持續下去。加拿大經濟學家柯羅克（Miles Corak）發現，隨著收入不平等加劇，社會流動性也跟著下降。白宮經濟顧問委員會主席克魯格（Alan B. Krueger）稱這個現象為「蓋茨比曲線」（Great Gatsby Curve）——引用費茲傑羅（F. Scott Fitzgerald）一九二五年的小說中，那位白手起家的百萬富翁傑伊・蓋茨比（Jay Gatsby）。

為了解救二〇〇八年的金融危機，共有高達七千億美元的現金挹注到華爾街（紐約證券交易所），使其免於經濟崩潰最嚴重的後果。事後分析這個結果時，經濟學家賽斯（Emmanuel Saez）與皮凱提發現：從二〇〇九至二〇一〇年，這段復甦時間的收入所得，有93％的錢流入最頂端的那1％納稅人的口袋，其中有37％是流入最頂端的那0.01％——平均收入為四百二十萬美元的富裕家庭中。

> 拖垮整個經濟的原因，是超級富人與其他人之間的超級鴻溝。
>
> ——美國總統歐巴馬
> 2012

Key Points

裙帶資本主義

當商人與政治人物的緊密關係，導致有利於商業活動的立法時，通常稱為「裙帶資本主義」（crony capitalism）。裙帶資本主義的特色，就是諸如企業賦稅優惠、將國有資產拋售給私人企業、政府對企業的補助等政策，往往是透過關說與個人關係達成，而不是透過獨立客觀的政治與經濟推論流程來達成。

Chapter 16

為什麼要付錢給農民要他們別再種了？

農田與牧場生產過剩，導致賣不出去的牛奶成「湖」、過剩的奶油成「山」，這是過去歐洲經濟共同體真實且慘痛的寫照……

歐盟制定了許多法規和政策，協助保護成員國的貿易商，但其中聽起來最奇怪的，莫過於支付補助金給農民，要他們不要種植作物或蓄養牲畜。

保護性 CAP

歐盟「共同農業政策」（CAP）是在一九五八年，為了改善歐洲經濟共同體（EEC）中各國的農業效率而提出的。該政策是為了保證農民的農產品有合理價格，並生產數量更多、品質更優良的農產品以造福消費者。這項政策的目標共有下列五項：

- 提高農業的生產力。
- 確保農民有合理的生活水準。
- 穩定農產品市場。
- 保障糧食供給。
- 確保提供消費者合理的價格。

CAP 政策保證農民作物的最低價格，無論他們生產多少。農民可以選擇在公開市場銷售（得到的也許高於最低價格），或者賣給歐洲經濟共同體。無論農產品的數量有

多少，歐洲經濟共同體都承諾以保證的最低價格收購，所以農民不需要擔心公開市場的交易情況艱困與否——他們可以根據歐洲經濟共同體設定的價格，制定自己的生產預算。

　　理論上，如果有一年的產量供過於求，歐洲經濟共同體會在收購之後囤積儲藏，直到出現短缺的情況；屆時他們會賣出過剩的供應，保護消費者在這段時間不受價格上漲之苦。但是高價收購的保證也會導致農民生產過剩，因為他們無論種植多少東西，都保證會有市場。

由於政府保證收購，農產品因此生產過剩。

奶油山與牛奶湖

　　生產過剩導致賣不出去的牛奶成「湖」、過剩的奶油成「山」。歐洲經濟共同體不得不以商定的價格，買下全部的過剩存貨，但這樣一來就有糧食難以處理。解決方式的選擇不多，那些糧食可能：

- 被丟棄或銷毀。
- 被當作農場中的動物飼料。
- 贈與或廉價銷售給歐洲經濟共同體以外的國家。

　　銷毀糧食不可取，特別是當有人還在餓肚子的時候。那些糧食大多會以非常便宜的價格賣給蘇聯和其他開發中的經濟體，有些過剩的庫存則賣回給歐洲經濟共同體的農民作為飼養家畜用。這些措施都引發歐洲經濟共同體消費者的憤恨，他們在商店付出高價購買的糧食，早就透過繳納給歐洲經濟共同體的稅金給予補貼了。那些稅金首先用來補貼農民，其次是用來「買下過剩的糧食」。

　　即使在那些收到便宜或免費糧食的國家，這套制度也有缺點。農民無法在價格上和外來的農產品競爭——要賣掉自家的農產品難上加難。有些人被迫失業，這加劇了貧

窮問題，也引發不確定的未來，因為無法保證來自國外的低價或免費糧食供給不會突然停止。

夠了就是夠了

一九八四年，歐洲經濟共同體推出「配額制」以限制牛奶的生產量。每個成員國都會分配到一個牛奶配額，然後由國內的酪農平分。農民如果不想生產那麼多的牛奶，也可以賣出自己的配額。「配額」提供一種便利的方式去控制價格，因為沒有必要給予補貼——限制供給就可以使價格維持在夠高的水準。

此外，歐洲經濟共同體還以「關稅」（賦稅）的形式，對進口產品加以限制。這些人為措施提高了海外農產品的價格，因此不受世界其他地方的農民歡迎。舉例來說，只要對紐西蘭羊肉課徵關稅，就能保護歐洲的羊農不用受到低價品的競爭。

貿易協定的利與弊

包括英國在內的一些歐盟成員國，正考慮脫離歐盟，自己締結更自由的貿易協定。他們認為受歐盟這樣一個嚴密控制的組織約束，弊大於利。

所有國家都面臨同樣的問題，要在鼓勵與其他國家自由貿易、以提振自己的出口市場，以及阻擋可能讓本國生產者居於劣勢的低價進口品之間，取得平衡。舉例來說，美國與二十個國家簽有貿易協定（主要是加拿大、拉丁美洲與南美洲國家）。美國也正與其他國家協商區域性貿易協定，例如與歐盟（跨大西洋貿易與投資夥伴協定），以及亞太地區國家（跨太平洋夥伴協定）。

給你錢，別做事

一九九二年，歐盟推出「休耕補助金」。這些錢是讓有土地可耕作的農民，閒置土地不耕種，以防止生產過剩。如果農民能種多少就種多少，不是市場價格會低到無法保證他們有滿意的收入水準，就是歐盟必須全部收購並解決過剩的作物，因此還不如打從一開始就不必處理農產品。做法就是付錢給農民不要耕種，放著土地不用（稱為「休耕」）。而農民必須讓土地輪流閒置，避免同樣的區域年復一年都不耕種。

取消 CAP

取消 CAP 的保護會迫使許多小農失業，因為他們無法

從規模經濟中獲益，那是大型農場才得以享有的。有些農場的土地相對貧瘠，例如威爾斯山區，若沒有補貼就難以生存。在自由市場中，這些農場可能破產，但是這在政治上不得人心，長期來說或許冒險草率。確保歐盟內部的糧食供給無虞很重要。如果未來遇到戰爭或天災，歐盟無法提供成員國糧食，將被迫在公開市場購買高價農產品。

取消補貼和解除進口限制，可以為歐盟節省大量的資金。有些經濟學家認為，這麼做並不會影響那些成功農場的獲利能力，而且對消費者更有利，因為農產品的價格會下降。儘管取消補貼意味著繼續經營的農民，從農產品中獲得的收益會變少，但農田的價格可能下跌，因為前景比較不吸引人。至於那些沒有生產力的小型農場則會離開市場。

從 CAP 中收到最多補貼金額而受益最多的國家，強烈支持維持現行制度，並反對調降補貼。這些國家包括法國，當地的農業占農村經濟比例很高，因此農民和農場工人代表一個強大的遊說團體。其他歐盟國家則認為，他們受到了不公平的懲罰——他們不得不為這項計劃付費，但卻得不到什麼回報，而且用人為的方式將農產品的價格維持在高檔，也對他們的消費者不利。

其他 CAP

　　美國和加拿大也會補貼農民，只是程度略有不同。補貼金額占美國農民所得約一五％，加拿大則是二○％。歐盟的補貼金則占農場所得的三○％左右，但是在其他地方，這個比例甚至會更高。以日本為例，補貼比例超過五○％，在瑞士（不屬於歐盟）更逼近七○％。

Chapter 17

你手上的現金即將被淘汰了嗎？

回想一下，你上次到銀行提領大筆現金是什麼時候？攜帶現金曾經是財富的標誌，但現在，它卻是「社會邊緣」的象徵……

隨著電子形式的資金流通成為主流，「現金」在經濟中佔的比重不斷下降。儘管如此，流通中的現金數量仍在增加。在二○○八到二○一三年間，使用中的英鎊紙鈔價值增加了二九％，流通中的歐元價值增加三四％。二○○七到二○一二年間，流通中的美元價值增加四二％。隨著無現金卡（cashless）的出現，信用卡與金融簽帳卡的使用率增加，線上購物也在穩定成長，現金遭到淘汰的日子進入倒數了嗎？如果是，這沒問題嗎？

現金簡史

「以物易物」是一種有問題的交易形式（請見第1章），因為取決於雙方同時想要「可相提並論」的東西。舉例來說，一個農人可能擁有一窩小豬，急著要在開始花錢飼養牠們之前賣出，但他想交換的也許是幾袋尚未收穫的小麥。大約八千年前，為了解決這個問題，蘇美人、巴比倫人和美索不達米亞人發展出一套泥板方法。議定的交換就寫在這些泥板上，稱為「bulla」。以這個例子來說，就是標上「價格」（兩袋小麥）。交易雙方各持有一半的泥板，小豬就在這種情況下易手。等到小麥收割後，豬農將他的那一半泥板交給小麥農，並收下對方承諾的兩袋小麥。到

最後，這些泥板本身也可以買賣了。

　　中國古代是把瑪瑙貝當作交易的代幣。大約西元前一千年，中國人從使用真正的貝殼，轉為使用金屬複製品作為擬幣。西元前八百年時，他們開始採用「鏟」幣和「刀」幣——小型的工具複製品，以不同的重量代表其價值。而在唐憲宗時期（西元八〇六至八二一年），中國人首先發明了紙鈔，但最早的錢幣，極有可能是西元前六四〇年左右，在小亞細亞用稱為「琥珀金」（electrum）的合金製造而成的。希臘語世界的其他地區很快就採納這個概念。

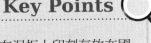

Key Points

償還持有者的承諾

　　在古美索不達米亞，會以楔形文字在泥板上印刻存放在國家與神廟倉庫中的商品紀錄，這些泥板被當成交換的紀錄及一種「期票」。儲藏穀物的紀錄可以用來買別的東西，新的接受者可以用泥板要求拿回儲藏的物品。現存最早的法典，西元前一七六〇年的巴比倫漢摩拉比法典，就訂定了這些契約的使用與交易。

紙鈔的發明，是因為當時缺乏鑄造錢幣所需的銅，但人們對紙幣的興趣卻相對短暫——紙鈔這麼容易創造，意味著當權者會屈服於有需要就印製的誘惑，導致通貨膨脹迅速失控。因此，中國有幾百年的時間不再製造鈔票。

歐洲最早的鈔票是在一六六一年，由斯德哥爾摩的銀行家帕姆斯丘奇（Johan Palmstruch）取得瑞典政府許可後，在瑞典發行的。很快地，他印製的鈔票數量遠遠超出自己能從銀行儲備中贖回的銀幣價值。他在一六六八年被以詐欺罪起訴，並判處死刑（後來改判為監禁）。

金本位制

鈔票的不良紀錄並無法阻止它發展的腳步。僅靠貴重金屬是不可能滿足現金需求的，於是第一個「國有銀行」出現了，並開始發行比帕姆斯丘奇更可靠的期票。即便如此，通貨膨脹的風險依然存在，只是大致受到「金本位制」（gold standard）的約束——金本位制將每個國家的貨幣與獨立設定的黃金價格掛鉤。實際上，這意味著有一個固定的匯率。

美國從一八三四到一九三三年，黃金價格為每盎司20.67美元，在英國則是3英鎊17先令10.5便士（£3 17s 10½d.）。這代表1英鎊相當於4.876美元。只要參與金本位制的國家沒有超印貨幣，這套制度就能奏效。

金本位制大約在第一次世界大戰時瓦解，當時各國超額印製貨幣以支應戰爭，而在戰後又恢復這個制度。英

國在一九三一年的經濟衰退期間退出金本位制，當時英鎊遭到擠兌，要維持英鎊的價格不可能不耗盡該國的黃金儲備。這樣一來，英鎊就得以貶值，英國經濟也得以復甦。金本位制最後在一九七一年崩解，當時美國打破以每盎司35美元贖回海外美元資產的承諾（一九四四年「布列敦森林體系」〔Bretton Woods systems〕的一部分，請見第22章）。

Key Points

元老級貨幣——英鎊

英國的貨幣「英鎊」是目前使用中最早創立的貨幣。英鎊從一五六〇年開始就已存在，當時伊莉莎白女王設定英鎊的價值為一金衡磅（約三百七十三克）銀。「英鎊銀」（sterling）這個名詞在一〇七八年第一次出現，代表現有品質最純淨的銀（純度約九九％，又稱為「純銀」）。

然後……

我們可以說，現金的全盛期在支票出現時結束了。西元前一世紀的羅馬人使用類似支票的東西，稱為「praescriptiones」，而九世紀的阿拉伯人和中古世紀的歐洲人，也使用類似的匯票。

現存最早的現代形式支票是手寫支票，可追溯到一六五九年。英國央行首創發行預先印刷的手寫支票表格，在一七一七年推出。不過，支票的使用真正大為風行，是在一九五九年之後，當時有了「可機讀字元集」，因此可以自動化處理大量支票。

隨著「支票保證卡」（cheque guarantee card）在一九六九年問世，零售業者確信即使帳戶持有人沒有錢，支票也能夠兌現（銀行負責向帳戶持有人要求還錢）。在大部分國家，支票的使用於一九八〇年代及一九九〇年代迅速達到高峰，當時支票成為僅次於古老美好的現金，最受歡迎的支付方法。只不過，儘管每年要處理數十億張支票，「現金」依然屹立不搖。

⋯⋯再後來⋯⋯

銀行在一九九〇年代中期漸漸淘汰支票保證卡，取而代之的是「金融簽帳卡」（debit card）──顧客還是要為每一筆交易簽名，跟支票一樣。

金融簽帳卡和信用卡上頭都裝有電子微晶片，裡面儲存了個人身分識別碼（PIN）。這套系統稱為「晶片與個人密碼」（chip and PIN）。一般認為這個方法比較安全，因為

使用時不需要簽名（簽名可以偽造），而PIN碼又只有持卡人知道。

伴隨線上購物、電子銀行轉帳，以及像Paypal等安全線上支付的發展趨勢，也嚴重衝擊現金的使用。現在一般人不是在商店裡支付現金，而是逐漸轉為在線上刷卡或用Paypal，購買來自世界各地的商品，而且不需要轉換匯率。金融簽帳卡和信用卡也可以在國際上使用，所以旅客更不需要攜帶外幣了。

⋯⋯現金不見了？

購物以卡片、行動電話或其他手持行動裝置做感應式支付，意味著如今攜帶現金的需要又更少了——即使是買小額的東西。一些統計數據顯示，現金的使用如何減少：

- 很長一段時間以來，使用現金支付的數值已經遠低於無現金支付的數值。二〇〇三年，英國的信用卡與金融簽帳卡銷售金額，超過現金銷售額。
- 二〇一五年，金融簽帳卡與信用卡消費者的銷售額，是現金銷售額的三倍。
- 二〇一五年三月初，英國使用現金進行交易的數

量，首次低於使用無現金支付方法的數量。

- 如果將所有交易納入，包括大型機構與銀行之間的交易，英國二○一四年的現金交易價值為二千六百億英鎊（四千億美元）。但自動化交易的價值為七十六兆六千四百三十億英鎊（一千一百八十億美元）——幾乎是三十倍之多。

骯髒的錢

現金沉重又不安全（可能遺失或被偷）。點算和查驗現金比揮揮卡片更耗費力氣，而且現金骯髒——只由你持有的卡片似乎比較衛生。

大部分人都聽過鈔票沾染古柯鹼的都市傳說。一九九四年由洛杉磯美國聯邦第九巡迴上訴法院進行的研究發現，四張鈔票中有三張沾染到古柯鹼或其他毒品。其他地方也有類似的發現；一項針對全英國的研究發現，鈔票的污染率達八○％。一九九九年的倫敦甚至更糟，五百張鈔票中只有四張檢測出沒有古柯鹼。

二○○三年SARS蔓延期間，中國甚至祭出「隔離鈔票」的預防措施——支付給銀行的鈔票必須先擱置二十四

小時，才能再次發放出去（SARS病毒離開活體細胞之後
存活不久）。

最後一步

　　一般人還是會用現金購物，只是數量一直在減少。停
車收費器、自動販賣機和其他機械付費裝置，漸漸轉換成
接受手機或卡片支付。許多地方的公車和其他大眾運輸方
式依然接受現金（儘管倫敦的公車從二〇一四年起就不再
使用現金了），但是感應式支付卡已愈來愈普遍。

　　以現金交易為主的自動販賣機時代，大概也進入封存
倒數，因為收取硬幣和紙鈔、再將之存入銀行的代價高
昂。目前，獨立商人，例如街角的商店老闆、書報攤，以
及市場與街頭攤商，依然更喜歡以現金交易，因為信用卡
公司與銀行課徵手續費的成本仍然很高。喜歡使用現金的

還有黑市，因為交易者可以藉此逃避納稅義務。

　　現金最大的優點之一，就是它擁有匿名性。但由於現在現金的使用量變少，使得用現金支付昂貴物品的行為顯得有些可疑。在歷史的奇異轉折中，攜帶現金——曾經是財富的標誌——現在卻似乎像是「社會邊緣」的象徵，甚

瑞典領先全球，是推動無現金社會最成功的國家。

至可能是「貧窮拮据」的象徵。

在瑞典（邁向無現金經濟進展最大的國家），隨著電子支付方法成為主流，銀行搶劫的數量大幅下降，從二〇〇八年的一百一十件，降到三年後僅十六件。大部分的瑞典銀行根本不再處理現金。這股趨勢也被英國及歐洲銀行採——這從銀行櫃檯的安全柵欄被移除可見一斑。

Key Points
現金最少的國家

在漸漸淘汰現金的國家當中，瑞典以僅三％的交易用現金排名第一。索馬利蘭（Somaliland，索馬利亞一個自治區）緊追在後，當地以行動電話購物的情況，幾乎比世界各地更普遍，甚至街頭小販也接受手機支付。

肯亞的「M-pesa行動貨幣系統」擁有一千五百萬名用戶。這套系統不只用在小額支付，還可以用來支付薪水、學費，以及日常帳單。

加拿大決定從二〇一二年起停止印製貨幣，改用塑膠鈔票（雖然還是現金）。大部分加拿大人（五六％）很快就因此更願意使用電子錢包而不是現金了。

專家預測第一個完全無現金的國家，將在二〇三〇年出現，甚至更早。

值得嗎？

製造及配送現金的成本很高：商店必須花錢保管儲存，並安全地運送到存放的銀行；處理及搬運現金也需要花時間；偽造的貨幣對於無辜拿到的人也是一種負擔。

二〇一五年的一項研究發現，如果美國終止使用現金，GDP會增加〇‧四七％──雖然看起來不多，但是以當年GDP據說為十七‧七一兆美元計算，〇‧四七％等於是八三二‧三七億美元。

對於負利率國家的消費者來說，例如自二〇一八年起的丹麥與瑞士，現金的成本最高。這代表存款人必須花錢，才能把錢存在銀行裡。對丹麥的存款人來說，負〇‧六五％的利率意味著把錢藏在床墊底下，才是比較明智的做法。

Chapter 18

經濟崩潰是如何發生的？

二〇〇八年席捲全球的金融海嘯，至今仍讓許多人心有餘悸，但別忘了一句市場上的名言：「今天發生的一切，未來也將再次發生。」

二〇〇八年時，先前十年的經濟蓬勃成長速度，幾乎像是注射了類固醇一般。美國印地麥克銀行（IndyMac Bank）倒閉，是金融市場出了嚴重差錯的第一個徵兆。印地麥克銀行之後，愈來愈多銀行與金融機構倒閉，影響迅速波及全世界。隨即對企業和個人造成災難性衝擊。雖然政府對幾家大型金融機構進行紓困，避免銀行體系徹底瓦解，但這一波倒閉潮導致的全球性衰退，比起一九三〇年代大蕭條以來的任何一次危機都嚴重。

憑空產生的資金

究竟是哪些複雜又相互關聯的因素造成這次危機？經濟學家對此爭論不休，但是一般都同意，貪婪、過度自信，以及金融業管制不足，導致在非常不安全的基礎之上，竟建立起一個岌岌可危的龐大市場。事實上，金融市場的價值，比起構成市場基礎的實際商品與服務價值，高出了許多倍。

經濟衰退始於房市，美國房動產的價值在二〇〇七年開始下跌。但是在那之前，災難早已注定，因為銀行草率地發放貸款，創造了大量多餘的資金。每次銀行放貸出資金，基本上就是在憑空「創造」資金（請見第9章）。

在二〇〇〇至二〇〇七年間，英國經濟的資金與債務總額翻漲一倍，但這些「新」資金只有八％進入金融業以外的產業。剩下的錢則流入包括：住宅地產（約三一％），商業地產（二〇％）；金融市場（三二％）；個人貸款與信用卡（八％）。其他經濟體的情況也相去不遠。

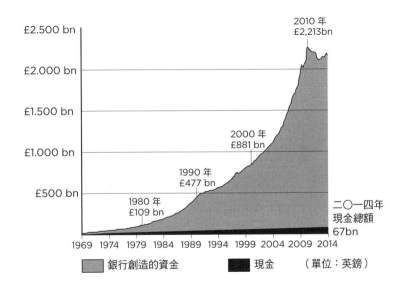

£2.500 bn

£2.000 bn

£1.500 bn

£1.000 bn

£500 bn

2010 年
£2,213bn

2000 年
£881 bn

1990 年
£477 bn

1980 年
£109 bn

二〇一四年
現金總額
67bn

1969 1974 1979 1984 1989 1994 1999 2004 2009 2014

銀行創造的資金　　　現金　　（單位：英鎊）

次級房貸

過去房屋的潛在買主若想取得抵押貸款，放款業者會評估房產的價值、申請人的收入，以及分期償還貸款的能力。如果申請人的薪水太低，代表他們可能很難持續還

款，或者若他們的信用紀錄不良，就有可能違約；又或者房價似乎過高，未來價值可能下跌，貸款就會被銀行拒絕。這在金融上合情合理。

一九九〇年代，由於住宅搶手，不動產的價格穩定攀升。金融業者看不出這股趨勢有什麼理由不會持續下去——借錢給人買房，即使是有風險的借貸，也顯得有吸引力。美國一些銀行開始提供高風險貸款——將錢借貸給違約機率高於平均值的人，這就成了所謂的「次級」（subprime）房貸。這是假設房屋的價格會一直上漲，如果客戶違約、還不出房貸了，銀行就能把房子收回再出售，足以回補未償貸款。這對銀行來說，似乎是個創造額外收入、又幾乎沒有額外風險的萬全方法。

籃子裡的不良雞蛋

銀行認為，如果將有風險的債務綑綁在一起，風險就會降低，於是它們將次級房貸匯集在一起。這個理論認為，就算美國某個區域的不動產價值下跌，其他地區並不會也跟著下跌——只要將全國各地的貸款打包組合，風險就得以分散，而市場上的地方性波動不會有什麼影響。

而這些被綑綁在一起的抵押貸款，則被用來給稱為

「擔保債權憑證」（CDOs）的證券做擔保。它們根據評估的風險被分成幾個部分──這代表所有「最不可能」違約的抵押貸款被打包在一起、「最有可能」違約的也被打包在一起，兩者之間還有許多不同的包裝……那些被認為最安全的債務會被給予AAA評等，代表這是安全的賭注。這些評等是由可信的代理人給予的，但他們卻是受雇於創造那些CDOs的銀行──不意外，他們對這些證券的評估過分寬容。

各種籃子的市場

當利率低時，投資人亟欲找出報酬高於平均行情的選項。CDO就是那個選項。風險深藏在這種匯集與分類之中，最終的產品似乎和那些生活艱難、早年根本不可能借到抵押貸款的人毫無關係。但是整個體系就建立在那些人不安穩的住宅之上。

CDO是如此具有吸引力，以致於吸引許多人用財務槓桿取得資金購買──以低利率借錢，買進利率高的投資商品，期待從利率差異中獲利。然而，萬一投資沒有獲利，貸款依然得償還。CDO就是在這個背景之下，在美國及國際的機構間交易買賣。

籃子破了！

當美國的房地產價格下跌時，CDO系統也崩潰了。而且房地產價值的跌勢並非只在不同區域零星發生，而是無處不在。隨著借款人違約，脆弱的次級房貸成了經濟衰退的犧牲品。屋主和銀行賣出房子的價格，並不足以彌補貸款的價值。

隨著房價暴跌，出現了嚴重的「負資產」（negative equity）問題──現在的房屋價值，低於當初買房時取得的抵押貸款。

只有在屋主因為無法償還債務而必須拋售房屋時，負資產才會成為問題。高風險借款人的抵押貸款違約，因為他們沒辦法乾脆賣掉房子搬走。而貸款放款者勢必要賠錢，這就代表CDO失去價值。無論CDO是如何匯集和分類的，都沒有銀行宣稱的那麼安全，而且很快就一文不值了。如果他們乾脆轉手易主，就要以最低價格出售。

銀行發現自己的資本價值下跌──即使長鏈最底端的大部分借款人（抵押貸款人）其實沒有違約，依然出現這種狀況。這個市場的基礎是假設他們「不會違約」，然而這個假設的價值暴跌了。實際上，這是一個建立在虛無之上的市場。

流動性危機

次級房貸的崩潰導致流動性危機。金融機構拼命要將手上以貸款形式持有的資產（漸漸變成收回的房屋）轉換為現金。那些違約房屋的價值下跌之後，往往低於當初借款人購屋時的貸款價值。即使銀行再怎麼努力出售那些房屋，但在一個漸趨蕭條的市場中，依然無法回收所有被積欠的資金。

信用違約交換（CDS）是這條長鏈的另一個脆弱環節——這些保單是為了預防借款人違約未還款。所以，假設你借給朋友一千美元，你可以購買一張保單，給這筆借款「萬一未能如期償還」進行保險。如果你的朋友違約了，保單會賠償你的損失；如果你的朋友沒有違約，保險

業者則會扣下你支付的錢。以CDS來說，只要這條鏈一開始斷裂，保險業者和銀行會在還款的重擔之下瓦解。就在以債券產品聞名的投資銀行——雷曼兄弟（Lehman Brothers）宣布破產的幾天後，保險公司美國國際集團（AIG）也因為被自己所承保的大量信用違約風險壓垮而倒閉。

雷曼兄弟的倒閉不僅是員工和投資人的災難，也是整體經濟的災難。在意識到即使最大的銀行也可能任其倒閉之後，所有金融機構驚慌失措，也不再往外借錢。在無法取得貸款的情形下，即使那些盡責管理財務的公司，也發現自己身陷困境。它們借錢或許只是為了嚴謹安排的擴張計畫，或者是短期既定營運模式的一部分，但即便是安全可靠的貸方，銀行也不願意再借錢給你。

這個情況如滾雪球般擴大，企業的經營放緩，或者無法借錢支應日常業務，於是開始解雇員工。隨著失業人口增加，大家買得愈少，製造業也進一步衰退，又有更多人遭到解雇——經濟衰退就此展開。

雖然銀行缺乏信心或資金借貸給借款人，卻依然期望之前融資的企業與個人能償還貸款和應付的利息。就像銀行製造貸款創造資金，償還貸款則等同於銷毀資金。隨著貸款的償還，資金就像是從經濟結構中被抽走一般。

雷曼兄弟之死

　　雷曼兄弟是第一家成為金融危機受害者的大型機構。二○○七年時，雷曼兄弟的槓桿比例為31：1（資產：業主權益），代表該機構實際擁有的資產，不到表面上的三十分之一，其餘全是靠借貸。尤其雷曼兄弟在次級房貸市場中過度曝險，資本槓桿操作的程度，已到了只要資產價值稍有下降（僅三至四％），就足以徹底抹去所有的價值，這就導致它在隔年破產。

紓困與回補

為了避免經濟出現災難性崩潰，西方主要國家的政府被迫對大型銀行進行紓困。政府認為這些銀行「大到不能倒」，所以必須提供它們需要的資金，或者將它們收歸國有。為了支應這些措施，政府本身必須借錢——例如發行債券。這導致大量的國債產生。為了償還這些債務，政府不得不刪減公共支出，導致公共服務與福利／救濟款項縮減，這又稱為「財政緊縮措施」。

> 如果你欠銀行一百美元，那是你的問題。如果你欠銀行一億美元，那是銀行的問題。
>
> ——保羅·蓋提（J. Paul Getty），改編自古諺

該怪誰？

銀行和金融業明顯有責任。它們承接大量債務，提供投資的資金，卻沒有確定自己是否有足夠的迴旋餘地，可以吸收任何損失或市場轉變。貪婪、自滿，以及不適當的信任，正是問題的根源。

不過，銀行並非在真空中營運。金融監管單位和央行應該負起監督責任，並預防過度無節制的行為導致災難。早在二〇〇五年，存款氾濫（資金主要來自亞洲和歐洲）造成利率非常低。這滋養了追求更高風險、更高收益投資

的欲望。但監管機構並未留意這些警訊。最慘烈的是，美國的監管機構並未介入解救雷曼兄弟。

　　經濟學家對於「誰該負多少責任」的意見分歧。右派經濟學家大多歸咎於美國政府，以及鼓勵次級借貸的住房政策。左派經濟學家大多歸咎於金融機構的貪婪，以及對金融市場的管制不足。找出引發這場危機的真正原因，或許有助於避免未來的另一場危機。

2005 至 2008 年的雷曼兄弟

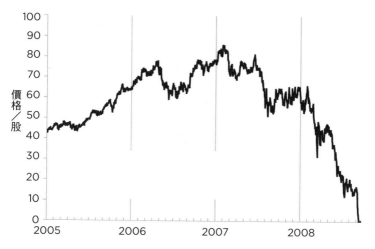

你的公司現在破產了，我們的經濟深陷危機之中，但你還能留下四億八千萬美元。我有個非常簡單的問題要問你：這樣公平嗎？

——美國眾議員亨利‧威克斯曼（Henry Waxman）在「監管與政府改革委員會」質詢雷曼兄弟執行長理察‧福爾德（Richard Fuld）

史上最貴的紓困

二〇〇九年英國用於銀行紓困的總額,是英國政府以這種方式支出最高的一次。在那之前,最高支付金額是一八三四年英國廢除奴隸制度後,付給四萬六千名奴隸主的賠償金。

支付給英國奴隸主的總金額,占一八三四年政府支出的四〇%,相當於今天的二百四十至二百六十億美元。

Chapter 19

經濟不好時應該刺激振興還是撙節緊縮？

刺激與緊縮、撒錢投資或勒緊褲帶？哪一種方式才是解救經濟衰退的最佳藥方？經濟學家對此僵持不下，但答案其實有跡可循……

從經濟衰退開始的各種問題

　　衰退中的經濟是遲緩沉悶的，沒有什麼活力，且通常債台高築、消費支出低落。沒有經濟生產力——成長率非常低、甚至是負成長（經濟萎縮）。經濟衰退的普遍定義（雖然過分簡單）是指：（一年）連續兩季 GDP 下跌。有些經濟學家則提出失業率一年上升一‧五至二％，是衰退的另一個徵兆。

　　經濟衰退可能演變成惡性循環而一路向下加劇。當人們不消費時，企業就賺得少。銷售所得變少，企業養不起員工，於是失業人數增加。有工作的人緊張不安，沒有工作的人買不起太多東西，消費支出因而再次下降。這稱為「負乘數效果」（negative multiplier effect）——當需求進一步下降，將促使企業削減更多開支，於是有些企業倒閉了——更多工作機會流失，意味著消費支出再度下降。在一個照顧無收入或低收入民眾的福利國家，經濟衰退會增加福利救濟的需求，因而提高政府支出。

　　企業獲利下降、失業率上升，或者支出與薪資下降，意味著政府的稅收變少。政府在救濟方面必須支出得更多，收入卻變少，這就導致赤字。政府可能會削減其他領域的支出，例如道路建設或國防，但這也會使該領域的產

業陷入衰退；如果政府舉債借錢，也必須償還貸款並支付利息。實在很難看出有完美的解決之道。

刺激經濟：花錢、花錢、再花錢

政府克服經濟衰退的其中一個方法，就是挹注現金去刺激經濟。舉例來說，政府可以藉由興建更多道路與鐵路線，以及擴大教育和醫療照護來增加公共支出，如此一來就可以可雇用勞動力，並創造商品及原物料的需求。

儘管這麼做必須透過借貸或創造資金來實現，但這些錢會直接流進經濟當中——就業人數增加，大家就會有信心去消費，經濟則因為前景好轉而變得更有生產力。一開始，大家可能還是會焦慮，或許會選擇將多餘的錢存下來，而不是把錢花掉。但是當支出增加之後，開始有更多資金在市場上流通，就會促進工業產出和就業機會增加。銀行有信心放款給企業以支應它們的擴張，於是資金流入經濟，為政府的債務提供資金。

理論上認為，隨著時間的推移，人們賺錢，然後消費，接著繳納更多的稅額——政府開始回收當初花出去的錢。在經濟逐漸復甦之後，需要的人為刺激因素變少了，政府支出也可以回到正常水準。

撙節緊縮：省錢、省錢、再省錢

　　刺激振興之外的另一個選項，就是「撙節緊縮」。當政府減少開支，國內的許多人也會跟著減少支出。為了省錢，政府可能會縮減社會福利、公共財與服務的支出，還可能限制公部門的薪酬與退休金，並調降政府證券發行的利息。這些措施可以立刻減少政府必須支付的錢，但也意味著許多人能花用的錢將因此變少。由於支出減少，短期內可能造成經濟衰退的情況惡化，因為經濟進一步放緩，政府的稅收也減少了。而那些藉由削減公共支出所省下來的錢，可以用來減輕民間企業與個人的稅負。

　　「撙節緊縮」的理論認為，這會促使一般支出增加，因為大家繳的稅變少，有更多錢可花用——企業成長、就業人數增加、對外貿易擴張。此外，藉由縮減某個領域的公共支出所籌措到的資金，也可以用來支應另一個領域的成長，例如道路與鐵路的興建和其他基礎建設，這也會促進就業，並增加支出與稅收。

　　顯然，政府在沒有大筆債務需要籌資償還的話，只能將這些節省下來的錢，透過上述這些做法來促進經濟發展。相對的，一個處於危機中的經濟體，例如二十一世紀第二個十年的希臘經濟，可能就是藉由實施嚴格的撙節措

施來償還債務，而無意將資金投入減稅或公共支出中。

撙節措施與戰爭

在二十世紀的兩次世界大戰期間，許多經濟體都實施了撙節緊縮計劃。當時，各個政府必須籌措（或節省）經費以供應昂貴的戰爭，並在部分人口去打仗的時候，取得必要的糧食和其他服務。

一九一九年第一次世界大戰結束後，美國實施七七％的最高所得稅率。政府控制了糧食供給，並決定主要糧食和其他必需品的價格。此外，在特定日子禁止人們使用燃料，並推行日光節約時間。

但是，戰後的經濟體與衰退中的經濟體截然不同。美國經濟在戰前相當繁榮，大眾對戰爭的支持，使民眾產生一種更為積極正面的精神（而不像長期面對艱困處境的人民，飽受精神磨難）。當一九三九年再次爆發戰爭時，這確實有助於一些經濟體脫離衰退或蕭條，因為戰爭帶來對商品與服務的需求，並增加了就業機會。

歷史的教訓

在二〇〇八年的金融危機之前，最近的一次全球性重

大經濟衰退是一九三〇年代的大蕭條。一九二九年，華爾街股市轟然崩盤，為了保護美國的生產者，美國政府引進海外貸款，並實施進口壁壘。結果就是讓大蕭條的慘況擴散到世界其他地方，尤其是歐洲。到了一九三三年，共有一千三百萬至五百萬名美國人失業（二〇％的人口），美國有將近一半的銀行倒閉。形勢慘不忍睹。

大蕭條期間，佃農無法償還銀行貸款，農田被收回，工人被解雇。導致失業進一步惡化，人民在各州之間大量遷移。

銀行倒閉時，許多人失去積蓄、工作和住宅，有些人在絕望中自殺。美國的農業有多年陷入危機之中，有部分是因為改採不當的農耕方法，導致嚴重乾旱。美國的社會福利保障不如英國，許多人的處境十分危急。

方法一

在英國，主要集中在威爾斯、英格蘭北部和蘇格蘭的

造船、採煤與鋼鐵冶煉等「重」工業最早倒閉。在雅羅鎮（Jarrow），每一個成年男性都失業了。然而，在英格蘭南部，較新的「輕」工業受到的波及卻少得多，這也導致嚴重的南北不平等。政府提高課稅並縮減失業救濟，企圖減少支出，同時加徵進口稅，意圖保護英國的工業，但卻導致貿易進一步衰退，因為其他國家也各自以進口關稅進行報復。這些撙節措施可能使衰退的情況雪上加霜。

與此同時，政府的一些行動則有助於改善狀況——他們增加了流通中的貨幣數量、降低了利率、鼓勵有錢的人去消費（如果利率低，存錢的誘因就不高）。政府利用獎勵誘因，鼓勵產業遷移到蕭條貧困的地區，或在當地創業，提供就業機會——採用的刺激誘因，就是建造五十萬棟新屋，這不但提供人民迫切需要的住屋，還創造工作機會和原料的需求，藉此活絡經濟——這個例子就是縮減一個領域的公共支出，用來支應另一個領域增加支出。

又一個方法

幾年之後，美國的政策轉為刺激振興。大蕭條發生之初的總統是胡佛（J. Edgar Hoover）。他認為任由經濟衰退到最後，「經濟就會自然復甦」。他企圖用政府貸款救助幾

家銀行，希望效果會「涓滴」流向勞動人口。身為共和黨人，他堅定相信自由市場經濟，並認為政府不應該干預市場運作。

　　一九三二年，胡佛在總統選舉中敗給民主黨的羅斯福（Franklin D. Roosevelt）。等到羅斯福在一九三三年宣誓就職時，所有的銀行都關門了，政府甚至沒有錢支付給自己的員工。

　　羅斯福採取緊急措施來穩住那些仍被認為是體質健全

一九三〇年代的大蕭條期間，飢腸轆轆的民眾在施粥場排隊領取食物。

的銀行，並推出他的「新政」。新政是透過大量的政府方案，提供就業機會和刺激因素，例如建造水壩和水力發電廠，這也讓貧困蕭條的地區，有可能因此開創其他產業。雖然復甦之路並不平順，實質效果卻很可觀。隨著第二次世界大戰結束，終於為經濟大蕭條畫上休止符。

現在還有什麼方法能奏效呢？

世界各國在應對2008年開始的金融危機時，都採取不同程度的撙節緊縮與刺激振興措施。若說經濟學家有意見分歧的地方，那就是究竟哪種方式能發揮作用？

對此，國際貨幣基金組織（IMF）的結論是：撙節緊縮的政策並沒有發揮作用。那些主要採取撙節措施的國家，表現並不如選擇刺激振興的國家──靠花錢走出衰退。

二〇一三年，IMF的首席經濟學家布蘭查（Olivier Blanchard）指控英國政府，繼續施行撙節措施是在「玩火」。

美國總統富蘭克林·羅斯福

然而，在二〇一五年，IMF總裁拉加德（Christine Lagarde）則表示，英國當局設法在縮減支出與提高收入之間做出適當的平衡，他說：「……當我們仔細比較歐洲各國繳出的經濟成長率，很明顯可以看出英國的作為確實奏效了。」

我們唯一要恐懼的就是恐懼本身。

——富蘭克林・羅斯福

也許，只有時間能告訴我們誰才是對的。

Chapter 20

零售業大洗牌與消失的中產階級

網際網路革命帶給傳統零售業巨大的衝擊，但同時也帶來許多新的機會。與此同時，全球消費市場也正面臨極端的變化……

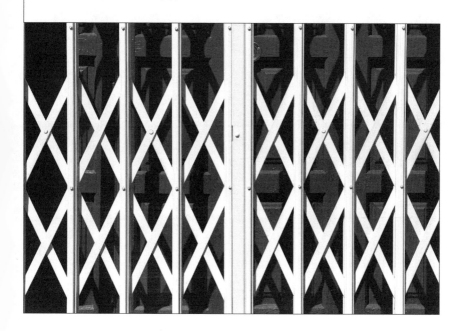

九個有工作的美國人當中，就有一個是受雇於零售業。在一九五〇到一九九〇年間，這個領域的職缺以五〇％的速度成長，高於一般就業情況，但從一九九〇年以後，零售業職缺的成長速度就只有其他領域的一半。類似的模式在世界其他地方也看得到。這個截至不久前仍是最穩定的行業，究竟發生了什麼事？

長日將盡的偉大產業

　　其他產業過去也曾遭遇類似的衰退（請見第10章）。先是農業，接著是製造業，都因為機械化及生產效率提升而降低勞動力。二十世紀初，有超過四〇％的美國人從事農業。如今，美國生產的糧食已超過一百年前，但從事農耕的人口卻只有不到二％。製造業雇用約一〇％的美國人，十年前卻是約三〇％；零售業看來是下一個面臨就業情況衰退的經濟領域。

零售業的網路革命

　　零售業最大的變化之一，就是網際網路革命。許多零售業務現在都是在線上完成的。線上購物帶給我們更多選擇，而且通常價格更低，也省下我們外出購物的麻煩。需

要等待商品送達也許是線上購物的缺點之一，但這個問題也正在迅速消失，因為有越來越多的企業已提供地區集貨點網絡。

二〇一五年，英國大約有一二％的購物行為是在線上進行的，其中四分之一是透過美國最大的線上零售商亞馬遜（Amazon）進行。亞馬遜的崛起勢不可擋──二〇〇八年它在美國的銷售額是一百九十億美元，四年後便突破六百一十億美元。該公司創辦人貝佐斯（Jeff Bezos）的身價淨值，估計達一千五百六十億美元。

獲利的少數

亞馬遜雇用處理包裝與出貨的員工，平均年薪為二萬一千六百八十七美元。但是每位全職員工為亞馬遜創造的平均收入，二〇一四年為六十萬美元，低於二〇一一年的超過一百萬美元──這是傳統零售業者全職員工為公司創造的平均總額三倍。

直到不久之前，顧客還是比較喜歡在商店購買像家具、衣服和鞋子等商品，他們可以在商店裡直接看到這些商品。但是現在已有一股風潮──顧客先在實體商店瀏覽商品，再透過比較便宜的線上訂購。購物比較網站和智慧

型手機的成長，意味著大家站在商店裡的同時，就能用手機進行購物。為了對抗這股潮流，許多商店現在也有自己的購物網站，上頭提供的商品比門市更便宜；有些甚至提供「點擊提貨」（click-and-collect，線上訂貨，線下取貨）服務。

所幸對傳統零售業來說，顧客在門市比在線上更有可能衝動購買。

Key Points

你從事哪一行？

二〇一三年美國前五大的職業類別是：

1. 零售買賣
2. 住宿及餐飲服務業
3. 專業技術服務
4. 行政雜務
5. 教育（地方公立中小學）

沃爾瑪效應

線上購物並非傳統零售業唯一的衝擊。所謂的「沃爾瑪效應」（Walmart effect）說明了大量低端零售業者移向地

方性市場的影響。沃爾瑪是發跡於美國的連鎖折扣百貨與倉儲零售。每當沃爾瑪開一家分店，就能讓住在該區域內的低收入家庭省下高達三〇％的食品費用。沃爾瑪的低價策略也有助於壓低區域內其他商店的價格，因為那些商店被迫得跟它競爭。這也不免造成其他後果：二〇〇八年的一項研究發現，沃爾瑪每新開一家店、每創造一個工作機會，就會有一·四個零售工作消失，因為其他商店被迫關閉或裁員。

自助服務與不設服務

二十世紀時，隨著最早從食品雜貨開始推出的自助服務，購物經歷了一場重大革命。在二十世紀的前半，大部分顧客都由售貨員親自服務。在無人監督下碰觸商品，那是難以想像的概念。顧客耐心排隊，等待店員忙完……這套作法並不經濟，因為它限制了銷售交易的數量，特別是在繁忙時段。即使雇用新的員工可以解決尖峰時間的問題，但這也意味著他們在其他時段將無事可做，也就沒有幫商店賺到錢。

這種情況隨著「自助服務」的推行而開始改變，美國企業家桑德斯（Clarence Saunders）在一九一六年創立第一

家名為「小豬商店」(Piggly Wiggly)的自助超市時,率先推出自助服務。這個概念很快就遍及全美國,更傳到美國以外的國家。自助服務大幅增加銷售業績,因為工作人員只需要在結帳櫃檯收款,並補貨上架。到了一九五一年,英國的Premier自助連鎖超市,營業額已經是傳統英國雜貨店的十倍之多。

現在幾乎所有商店都是完全自助或部分自助。自助結帳與手持掃描裝置的引進,更進一步縮減工作人員,也更縮減了成本。線上購物與實體世界購物之間的界線愈來愈模糊:線上訂單可以遞送到指定的店鋪取貨;缺貨的商品也可以在商店裡線上訂購;顧客站在商店裡就可以用手機進行比價。

兩個市場:高端與平價

漸漸地,商圈購物變得兩極化。在平價市場一端,一切都是低價;而在「高端」市場,品質、獨特性與顧客服務,對購買決定的影響最大。蘋果(Apple)門市的極簡風格就是這股風潮的最好例子——顧客服務和形象最重要;空間並未有效率地使用,只展示少量產品,配件一絲不苟地放置在牆上,留出最多地板空間讓人可以膜拜高雅時尚

的科技。工作人員殷勤又博學。

　　而在天平的另一端，折扣商店以低價和豐富的選擇為優先。這個方法是由英國特易購（Tesco）連鎖超市創辦人傑克‧柯恩（Jack Cohen）率先提出的，特易購的口號是「堆得高、賣得便宜」，而這個做法也被服飾店、百貨商店等多個品牌採用。這些店家外頭的排隊人龍通常很長，賣場嘈雜擁擠。

　　像Primark之類的服飾店，為什麼能夠賣得那麼便宜呢？它們的商品在勞動力便宜的地區製造，但是許多較昂貴的品牌也是。重點在於，它們只銷售自有品牌的商品，沒有中間商來分一杯羹；它們大量下單，因此享有經濟規模的好處（請見第16章）；它們的生產流程非常有效率；它們使用便宜的原物料；它們不做昂貴的廣告宣傳；它們的門市精打細算地使用每一吋樓面空間──這與蘋果門市形成鮮明的市場。

被擠壓的中間級距

　　如今，有些服務中產階級、定位在中價位等級的商店，備受威脅。迎合富裕人士的高端零售商，大致不受近來經濟情勢的影響，因為那些最有錢的消費者，收入並未

下降。但由於中產階級消費者的收入減少，他們往低端市場移動，折扣與廉價零售商的業務也因此而成長。

商店關門有關係嗎？

如果商店被迫關門，是誰的損失？最明顯的就是商店的老闆與員工。零售業的工作報酬與技術含量相對較低，經濟學家認為這類工作屬於可替代的（請見第 12 章）。但是當沒有足夠的工作可以替換時，難題就出現了。此外，這對於城市景觀也有影響。關閉的商店和閒置的空間，意味著被吸引到市中心和大型購物商場的人將愈來愈少——人流減少將導致更多商店關門，如此循環不已。

線上零售商的興起

雖然線上購物可能對傳統零售業造成重擊，卻也給願意利用線上購物的人開啟新機會。現在有許多人在家銷售商品與服務，不管是透過自己的網站，還是大型線上管道，例如亞馬遜和 eBay。相較於開設和經營傳統商店的相關成本，在家工作牽涉到的創業成本和每年的間接費用極少，也更沒有需要取得高昂的貸款（萬一事業不成功，還有破產的高風險），這就給了更多人信心開創自己的事業。線上購物也給快遞貨運服務帶來更多工作機會。

Chapter 21

股票市場如何牽動一國的經濟發展？

「股市」堪稱是一個國家經濟形勢的核心，對投
資人、企業主與執政者來說，沒有比「樂觀看多」
的牛市更重要的事……

20,000	453.67 ▼		− 0.26
15,000	0.10 ▲		+ 1.82
100,000	361.80 ▼		− 0.60
30,000	0.25 ▼		− 1.39
800,000	6.22 ▼		− 1.80
4,100,000	247.30 ▼		− 0.53
26,000	20.18 ▼		− 0.57
12,000	100.41 ▼		− 0.36
3,000,000	203.99 ▼		− 0.29
50,000	106.36 ▼		− 0.99
60,000	12.7 ▼		− 0.64

股市讓個人和機構可以交易公司的一小部分。這些部分（稱為股票或股份）讓持有股票的人對一家公司如何經營有了發言權，而且有權利要求股利。股利是代表公司用一部分獲利派發的一筆錢。

共同持有一家公司

假設你想創立一家製造巨型風箏的公司。成立公司需要特定成本，包括：

- 租賃辦公室以執行業務
- 採購原料並進行加工處理
- 雇用員工並支付薪水
- 行銷風箏
- 風箏的配送交貨
- 公司營運（行政、會計等）
- 納稅與員工相關成本（退休金提撥、醫療保險、病假津貼等）

你可以先從小規模開始做起，等訂單增加後再雇用更多員工，或者可以有個更具企圖心的開始── 尋求投資

資本。如果你選擇第二條路，可能向親朋好友或是銀行借錢，或者尋找外部投資人，用錢換取公司的股份。有些企業可能一開始就得有大規模的運作，因此必須要有投資資本。如果你不是製作風箏，而是想要製造飛機或開創電信網絡，大概也不會自掏腰包或是向銀行貸款。

而投資人除非認為這個事業能獲利，而且投資會有所回報，否則不會掏錢借人。投資人還可能期待自己對公司的營運有發言權，他們不想因為不良的企業決策而有賠錢的風險。為了確保他們有權利要求分配利潤，並對你如何經營公司提出意見，他們會買下公司股份。

股票與股份

一家公司的總資本（資產）萬一遇到清算，可由擁有者平分的稱為股票，或「股本」（capital stock）。一家公司將一部分賣給投資人的，稱為「股份」。

股份有許多不同類型。「普通股」的所有者，有權利對公司的營運發表意見、每年派發股利，並擁有資產的一部分。如果一家公司起始的持股是一千股，買了一百股的人就擁有該公司的一〇％。這個人在討論公司政策與計畫的股東會議上，有一〇％的投票權，獲得分配利潤的一

〇％，而且能要求該公司資產的一〇％。

另一種股份類型稱為「優先股」（preferred share），持有者沒有投票權，但獲得的股利較高，而且對公司資產有優先請求權。如果公司即將倒閉、進行清算，優先股的股東將先於普通股股東獲得自己的那一份資產。這兩種類型的股東共同擁有這家公司。

擴大股本

新創階段並非一家公司需要投資資本的唯一時間點。如果你的風箏製造事業進展順利，可能想要遷移到更大的廠房，或訂購新的機器。你可以透過出售股份來籌措新資金（股本）。新的股東也擁有資產權利、股利權利，或許還有董事會的投票權。

在發行新股之前，必須取得現有股東的同意，因為這會降低他們持有股份的價值——通常會給予他們優先認購權：在將新股提供給其他人之前，他們有先購買新股的權利。發行更多股份似乎並不明智，但是這樣做能提高公司的獲利能力，長期來說，人人都能受益（至少概念上是如此）。

上市與非上市公司

你的風箏製造公司或許一開始只是一家「私人有限公司」。意思是公司的股份沒有在公開市場上交易，但你可以把股份給予你選定的人。股份的出售可以受到限制，所以那些股東都不能單方面將股份賣給任何人。雖然這限制了聚集有效投資人，但也代表公司比較容易掌控。

大型企業通常是「公眾有限公司」（public limited company，或者在美國是「公開上市公司」（public traded company）。它們的股份會在公開市場上交易，並在合適的股票市場掛牌上市——任何人都可以購買。意思就是除非原始擁有者握有至少五一％的持股，否則就可能失去對公司的控制權，因為其他人可以在股東會議上，聯合起來投票反對他們——股東主導公司的路線。有時候一家公司的創辦人會在股東的聯手反對下被免職。

股票買賣

當股票在股市掛牌上市後，就可以公開交易，意思是由股票經紀人和投資人進行買賣。股票的賣價是該公司財務體質的指標。假設你的風箏製造公司原本是每股十美元。公司有了一個好的開始，到了年底，資本（股本）價

值增加了二〇％。這代表每一股的價值也增加了二〇％。想要賣掉股份的人，每股應該可以賣出十二美元。這對一年的投資來說是不錯的報酬。

不過，股票是有風險的投資。如果這家企業經營不善且流失價值，股票的價值就不如股東當初花的錢。因此，股票應該被視為是一種長期投資。

假設公司體質基本上健全，股價的短期波動可以忽略不計，因為隨著時間推移，股票的價值就會提高。這就是傳統對股票買賣交易的態度，但目前的股市有許多不同類型的投資人，有些人會抱持非常短期的交易目標。

循環不已

股價也會受到股票易手時的價格影響，這看起來像是個「循環論證」（circular argument），也確實如此。如果大家認為公司表現良好，股票就會有需求，價格會上漲；如果大家認為公司表現差，股價下跌，緊張的投資人會跟著拋售持股。當股票供給過剩卻沒有多少需求，於是價格就會更進一步下跌。

當股價處於低檔的時候，投機者就可能進場，以低價買下大量股票。投機者若認為公司將復甦，就會大舉買

進，或者他們會買進數量足以影響公司發展方向的股票，並嘗試讓公司從谷底翻身，讓這些股票有利可圖。

史蒂夫·賈伯斯

Key Points

賈伯斯（Steve Jobs）與沃茲尼克（Steve Wozniak）在一九七六年創立蘋果電腦，但需要籌措資金推廣他們第一台真正的電腦——Apple II。為此，他們在隔年出售公司股份。但因為當時賣掉的股份太多，導致六年後失去公司的控制權。投資人覺得賈伯斯太年輕又經驗不足，無法經營一家大公司，在一九八三年任命前百事可樂（Pepsi）總裁約翰·史考利（John Sculley）領導蘋果電腦。史考利和賈伯斯經常意見相左，於是賈伯斯在一九八五年離開蘋果，並創立新的電腦公司NeXT。之後有一連串的高階主管經營蘋果，但是都不夠創新或想像力不足，無法重振公司。到最後，蘋果買下了NeXT，也包括賈伯斯。從二〇〇〇年起，賈伯斯再次執掌蘋果，讓蘋果愈來愈強大，並在產品組合中開拓了新的市場。

巧取豪奪與威脅利誘

影響股價的不只有獲利或虧損的公告，還有其他因素。舉例來說，一家製藥廠如果宣布，有新藥可以對抗一種常見疾病，股價會上漲。但如果有一種藥品因為安全疑

慮被撤回，股價會下跌。如果競爭對手推出更成功的產品，股價也可能下跌。跌勢甚至可能出現在新產品上市之前——這完全是投資人信心和預期心理的緣故。而這也是各大企業之所以會花那麼多心力，努力維持成功公眾形象的原因之一。

有時候一家公司即使日常營運看似正常，也可能因為它在證券交易所的表現不理想而被拖累。如果它的股價下跌太多，銀行就不會允許它透支或貸款，供應商也不會允許它賒帳，顧客則可能擔心自己的訂單無法履行。

股東拿他們的資本（投資的錢）冒險，期望獲得不錯的回報。他們收到的股利和股票價值增長，就是他們承擔賠錢風險所得到的報酬。這和工人得到的報酬不一樣，工人的報酬是對他們勞動的回報。對工人來說，資本報酬看起來就像不勞而獲。股東持有股票幾星期、幾天、甚至是幾個小時，然後再次賣出而快速獲利，賺到的錢或許比一個工人一整年賺得多。

成功的股票交易者有投機的天分，或者能預測哪些股票將有好表現，然後在最理想的時候買賣。他們投入時間了解股市，卻沒有為公司的產品增加任何價值。一家公司的股價無論是小幅上漲還是下跌，對於產品在市場上的表

現幾乎沒有影響。但是股價的重大變化就可能影響到市場表現，只不過通常不是反映其產品價值的真正變化。

Key Points

牛市與熊市

當經濟情勢好的時候，GDP高且生產力十足，經濟學家稱之為「牛市」（bull market）；遇到經濟衰退、失業、GDP下滑且股市慘跌的時候，則稱之為「熊市」（bear market）。同樣的，一個人可能「樂觀看多」（bullish，積極有信心而願意投資）或「悲觀看空」（bearish，態度悲觀而不願意投資）。

投機行為的本質變化

一直到一九六〇年代，大部分投資人買股票都是為了獲得股利，而不是要從交易中獲利。後來的人開始投機——藉由買賣股票，靠資本賺取利益。這個論點認為這不算是「真正的投機」，因為股票的真正價值，是你能賣出的價格。金融機構於是開始提供投資人愈來愈多形形色色、也愈來愈隱晦費解的金融產品。

標準的金融產品是「衍生商品」（derivative），產品的價值是基於（衍生自）基礎資產的價值。一九九〇年代金融產品倍增，與構成金融基礎的實際業務愈來愈沒有關

係。交易的「產品」通常和生產性資產——飯店、出版社或其他銷售真實商品及服務的企業股份——不相干。

金融產品迅速擴增到那些基礎資產再也無法支撐的地步。到了二〇〇七年，全世界的GDP為六十五‧六兆美元，但金融資產市場的價值卻高達九百兆美元。金融業至此大多獨立於原先賴以建立的那些產業之外。

投機交易推升實際商品與服務的價格。根據世界銀行的估計，二〇一〇年全世界有四千四百萬人陷入貧窮，因為糧食價格居高不下，部分原因就是投機者推升基本農產品的價格所導致。

增生中的寄生蟲

金融市場充斥著日趨深奧、卻和實際商品與服務無關的「產品」。其中包括買賣「期貨」（在未來一個日期，會以確立的價格購買某項商品的承諾），以及轉售包裝過的保險風險。有些經濟學家，甚至是一些前任的金融專家，都形容金融產業「有如寄生蟲」一般。

Chapter 22

提供對外援助
究竟是幫助
還是阻礙？

針對開發中國家進行各項援助一直是個有爭議的
議題，從經濟學家的角度來看，問題絕非「花錢
了事」這麼簡單……

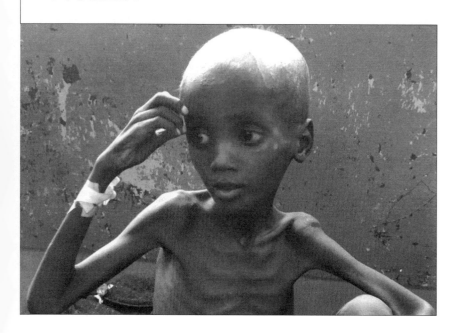

有些人會質疑，我們是否應該在國內還有人需要幫助的情況下去援助外國？於是，這便產生另一個更大的問題──「援助」究竟有沒有作用？還是這其實會讓開發中國家的人民處境更加惡化？

設定援助目標

聯合國給已開發國家設定的援助目標是：各國將國民所得毛額（GNI）中的○‧七％，用於針對經濟較不發達國家，進行「政府開發援助」（ODA）。二○一四年，包括丹麥、挪威、盧森堡與瑞典等國家都超出了這個目標，英國也達標了。而其他已開發國家則皆低於目標。

對外援助的形式

對外援助可以分配給短期或長期目標，可以由一個國家提供，或由一群國家聯手，或者由個人捐獻給慈善團體。而援助可以有條件給予或無條件給予。

「緊急援助」是透過援救行動和緊急糧食、避難所和醫藥，減輕意外災難造成的立即影響，例如地震、水災或飢荒。這種援助通常是透過慈善捐助提供，包括個人的捐款，由國際援助機構處理，例如國際紅十字會和無國界醫

生（Medicins Sans Frontieres）。許多國家的政府會在財務上協助緊急援助，並提供糧食、藥物、設備和專業人員（通常是軍事人員）。

至於提供「長期發展援助」，則是逐步提高被援助國家的生活水準。這種援助可能是在急難救助之後進行，或是用來幫助長期遭受環境、社會，或政治問題之害而陷入赤貧的國家。目的是改善該國的教育、醫療照護、基礎建設，以及其他基本服務，讓人民和經濟長期下來都能更有生產力。

一個國家給予另一個國家的叫做「單邊援助」。國際組織（如聯合國）給予一個國家的援助，則稱為「多邊援助」。這種援助可能是提供金錢，也可能是以供應物資、專門技術為主的形式。

有無附帶條件？

毫無條件給予的援助稱為「資助」。援助往往都是帶有條件的，意思就是會附帶特定限制。舉例來說，援助可能是提供一項開發案的資金（例如水壩或鐵路），條件就是建造的合約要交給總部設於捐助國的企業。受助國受益於基礎建設（新的水壩或鐵路），捐助國則透過參與的公

司，獲得就業機會增加與稅收增加的好處。這些計畫通常會雇用當地的勞工，或許也會從當地採購原料，因此可對當地經濟額外挹注現金。

　　這種援助形式對社區的益處，短期可增加當地就業和貿易機會，長期則可以改善基礎建設。但這需要謹慎管理，否則可能會導致當地經濟失衡、推高物價，甚至出現供給短缺。此外，採用捐助國承包商的必要條件，則限制了定價的選擇，以及建設工作的執行方式。

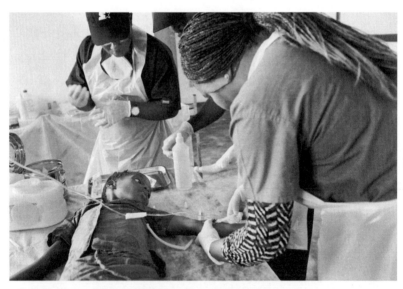

提供醫療照護資源是「長期發展援助」常見的形式之一。

該援助什麼？

援助的整體目標，是讓全世界最貧窮的人民提高生活水準，並以永續的方式進行。這不只是把糧食發送給飢餓的人，或是把帳篷發送給房子被颶風摧毀的人（急難救助）；而是協助建立「沒有窮人」的公平經濟，讓整體社會擁有經濟生產力。這是艱難的任務。世界上最貧困的社會，正在為一些看似無法克服的問題苦苦掙扎，包括貧瘠的土地、惡劣的天候、天然資源貧乏、政治混亂、壓迫與戰爭等。這些先天上的條件使其並不容易建立繁盛興旺的經濟體。

沒有魔杖可以將貧窮的經濟變成健康的經濟。但有許多長期措施可以給社會帶來較有希望的未來，包括挹注教育資源、接種疫苗計畫、健康照護，以及基本基礎建設，例如道路和乾淨的供水。為這些發展提供資金（或出借專門知識）也許無法減輕短期需求，但應該能為將來建立更美好的前景。只不過，經濟學家對這類援助的成效依然意見分歧。

為什麼要給錢？

對外援助絕對不是人人都支持。許多人表示，他們寧

可把自己的納稅錢用在自己的國家。但是，幫助開發中國家的窮人，卻有完整的經濟與政治理由。

如果「長期發展援助」發揮作用，應該會讓所有人的世界更美好。牛津大學經濟學家柯里爾（Paul Collier）指出，援助應該先是由同情引發，其次是「開明自利」（enlightened self-interest）。

我們對比較不幸的人感到同情，促使我們行動，而開明自利使我們在進入設計援助計畫的核心本質時，仍保持動機。舉例來說，開明自利的表現，或許是承認大家若能在自己的國家找到工作，經濟移民就會變少，或者開發中經濟以後會成為珍貴的顧客基礎。

全球生產力

如果每個國家都能充分地利用資源，全世界都能因此受益，全球的生產力也得以提升。如果窮人的處境悲慘絕望，他們更有可能加入極端組織、支持專制的獨裁者，而這些人可能透過軍事衝突，破壞區域的穩定。有些人則可能種植罌粟、進行鴉片交易，或是成為難民、尋求政治庇護者和經濟移民——能在自己的國家長居久安的人，通常會留在自己的國家。

千禧村計畫 ⋯⋯⋯⋯⋯⋯⋯⋯⋯⋯⋯⋯

美國哥倫比亞大學地球研究所的經濟學家薩克斯（Jeffrey Sachs）發起「千禧村計畫」（Millennium Villages Project），這是一項要給非洲的村落提供永續發展的援助計畫。該畫援助教育、醫療照護、地方永續產業和永續農業的發展。協助當地人創業，並興建住宅和公共廁所，而且著重在人員的長期訓練，好讓這樣的變化可以長久延續下去。

該計畫以每個村落居民每年一百一十美元作為預算，連續提供五年。這些錢通常用來提供肥料和高產量作物種子、乾淨飲水、基本醫療照護與教育、蚊帳，以及對外界的通訊連結。納入這項方案的村落，農業生產力的提升高達三五〇％。薩克斯還進一步推廣他所說的「臨床經濟學」（clinical economics）——先診斷出社區的需求，才能針對性地發展援助計畫。薩克斯曾為俄羅斯、波蘭及玻利維亞的援助提出建議，因為這些國家的需求各不相同。

由上而下與由下而上

援助有兩大方式：「由上而下」和「由下而上」。由上而下援助的重點，在於提供財務或其他協助給開發中國家的政府，期望援助能分配到最需要的人手裡。這種援助形式可能伴隨「如何使用」的限制條件。金錢援助的方式，

可能是低利貸款或債務減免（取消或減少貸款利息）。如果援助是實用性的，例如設備、糧食或出借專家團隊，而限制條件可能側重在實際應用的安排。

女性更能改善經濟？ ⋯⋯⋯⋯⋯⋯⋯⋯⋯⋯⋯⋯ Key Points

　　國際援助機構樂施會的研究發現，開發中國家利用援助資源最有效的方法之一，就是設立獨立自主、由女性經營的集體農場。這裡的土地由女性耕種，農產品匯集之後在公開市場出售，或透過公平貿易協議出售。金錢就透過這個方式輸送到這些女性手上，而非透過男性社群或部落領袖。這個作法可以改善農作物產量、提高市場價格，也明顯改善了社區的經濟繁榮，尤其是孩子的生活。

由下而上的援助大多由捐助者執行，把資源直接交給那些最貧困的人。例子之一，就是國際紅十字會在烏干達發放蚊帳——因為由下而上的援助，並沒有經過一國內部的官方分配管道和網絡，而這通常也是飽受戰爭蹂躪、天災重創，導致交通基礎建設中斷地區的人民，能獲取幫助的唯一方式。

一般來說，大筆的金額會以由上而下援助的方式進行，但這些資源在使用上會有更多限制。

這樣行得通嗎？

「援助計畫究竟有沒有作用」，是頂尖經濟學家爭辯的問題之一。以下是他們針對援助的幾點批評：

- 援助的資源經常會被竊取、使用不當或偏移原本的目標，反倒讓受助國的上層統治階級及黑幫致富。
- 援助非但沒有幫助社區發展永續經濟，反而產生一種依賴的文化。
- 援助會扶持專制、不民主或腐敗的政權，阻礙社會採取更公平的政治體制。
- 援助可能擾亂或破壞當地市場，因為低價或免費的

商品大量湧入農村經濟，使得當地農產品的生產與
銷售變得不經濟。

- 援助可能定錯目標或定出不適當的目標——舉例來
  說，那些不受飲食規定或社會認可、接受的食物，
  最後可能都被浪費了。

世界銀行 ·· **Key Points** 🔍

　　國際貨幣基金組織與世界銀行，創立於一九四四年的「布
列敦森林會議」（Bretton Woods Conference）。該會議與機構創
立的目的，是管理第二次世界大戰之後的國際金融與復甦。世
界銀行的目標，是透過推廣對外投資與國際貿易來減少貧窮。

援助是雪上加霜嗎？

　　美國經濟學家伊斯特利（William Easterly）對「由上而
下」的援助提出許多批評，特別是其債務減免的效果。他
認為，註銷受助國的債務並不會把錢釋出到窮人手上，相
反的，這是有利於那些富裕的統治精英——他們通常會把
錢花在海外經濟發達的國家，而不會產生經濟上的涓滴效
應（請見第9章）。

老派的援助方法

有些傳統的援助活動，例如興建學校，現在都受到嚴格檢驗。缺乏教育的根源未必是缺少校舍；有可能是兒童不上現有的學校，或者教師的品質低落（或缺乏教師）。有一項研究發現，在肯亞花五十美分治療兒童的腸道寄生蟲，比興建新學校更能提高兒童去上學的成果。這是因為感染寄生蟲的兒童無法上學。興建學校的成本，是治療社區所有兒童的二十五倍。

而在墨西哥，家長若讓孩子去上學，可以拿到一筆津貼。這個措施提高就學率達八五％，因為孩子雖然無法去賺錢養家，家長卻得到了補償。

伊斯特利還指出，債務減免會鼓勵過度支出（以便讓國家獲得減免），倘若受助國的統治者認為，「未來的債務將被一筆勾銷」，就可能導致該國繼續舉債。這對那些償還貸款的國家並不公平。

伊斯特利還批評，援助文化否定（或貶低）了貧窮國家的「自助」作用。他更喜歡的方式，是他所說的「自由發展」——將開發中國家的需求、權利和欲望列為優先，著重在他們幫助自己脫離貧窮及解決問題的能力。

五十億對十億

二十世紀中葉，全世界大約有十億人口的生活還算富裕，但卻有五十億人口生活在貧困之中。如今情勢已經逆轉，原先非常貧窮的國家，包括中國和印度，都已發展成經濟強權。

現在全世界大部分的人口，都生活在相對繁榮的國家，只有十億人生活在最惡劣的環境。只不過，對這些人來說，過去四十年來的生活水準一直在惡化。通常是因為政府治理不良、基礎建設欠佳、軍事衝突與內亂，使得外界的援助更難分配到他們手上。

智慧援助

威廉・伊斯特利聲稱對由上而下的援助保留意見，傑佛瑞・薩克斯的千禧村計畫則是支持對貧窮國家加強干預，而麻省理工學院經濟學教授杜芙若（Esther DuFlo）則鼓吹中庸之道——她建議採用「智慧援助」（smart aid），謹慎評估並鎖定欲援助干預的目標。

> 我們在地球上有足夠的經驗可輕易確定，人不會死於貧窮。那是基本事實。
>
> ——傑佛瑞・薩克斯
> 哥倫比亞大學
> 地球研究所所長

杜芙若指出，意識形態、無知和消極無作為，是援助計畫失敗的主要原因，她的方法是進行援助倡議的隨機對照實驗，例如分配蚊帳保護民眾不受蚊子侵擾，以及提供教育津貼。實驗應該會顯示哪些干預行為有效、哪些無效，如此一來，援助預算就能發揮最大的效益。

Chapter 23

如何從國際貿易中獲得最大利益？

拜全球化之賜，從事國際貿易已變得比以往更容易，但這並不代表你只需輸出「優勢商品」就好，經濟學家還有更多必須考量的著眼點……

我們很難說，究竟是購買自己國家生產的商品比較好，還是擁抱全球市場比較好。買國產品對自己的國家經濟似乎是好事，但事情沒有那麼簡單。國際貿易的成長是有原因的，而且有助於將世界的生產力發揮到最大。

自由貿易與「不那麼自由貿易」

國際貿易的兩種態度是：「自由貿易」與「貿易保護政策」。國與國之間的貿易沒有限制、關稅或壁壘，稱為自由貿易。反之，企圖透過禁止進口或課以較高稅率、以配額制度加以限制進口商品，藉此保護國內生產，則是貿易保護政策。兩者各有優缺點。

如果一個國家擅長以低價生產某樣東西，自由貿易就代表產品可以大量流向其他市場，抑制外國當地生產。這對消費者是好事，他們可以買到更便宜的東西，但對當地生產者卻是壞事，他們可能因此被迫失業。在貿易保護市場中，生產者不用那麼辛苦拼命；他們可以用高價賣出品質差的商品。「缺乏競爭」意味著消費者將無從取得較好或較便宜的選項。

貿易與選擇

國際貿易有個明顯的優點，就是提供消費者更多選擇。沒有一個國家有必要的資源與環境，能夠提供所有產品。貿易讓我們可以買到本國氣候無法種植的水果和蔬菜，並能用自己國土無法開採的金屬製作東西。沒有國際貿易，北歐消費者永遠享用不到芒果，英國也沒有人能喝茶，美國人無法披上絲巾。

誰擅長生產什麼？

當人從勉強餬口的生活（為自己一家人生產所有東西），轉變為從事專門化工作的商業經濟，勞動分工導致生產力提高，所以有充分理由鼓勵全球市場走向專門化。

假設一個國家（例如義大利）擅長生產橄欖，而另一個國家（例如阿富汗）善於生產山羊。為了方便說明，我們想像有個完美的貿易環境：義大利及阿富汗都沒有將資源投入其他類型的生產，也沒有運輸或儲存成本讓問題複雜化，而且橄欖及山羊在兩國的市場都很暢銷。

義大利及阿富汗各自努力滿足國內的山羊及橄欖市場。他們的生產情況是：

	橄欖（百萬噸）	山羊（百萬隻）
義大利	400	100
阿富汗	200	300
總數	**600**	**400**

如果特別擅長生產橄欖的義大利，放棄養殖山羊，專注在種植橄欖之上，就可以提高產量。同樣的，如果阿富汗放棄設法種植橄欖而專注於蓄養山羊，那就真的是擁有滿山滿谷的山羊了。

	橄欖（百萬噸）	山羊（百萬隻）
義大利	800	0
阿富汗	0	550
總數	**800**	**550**

（請注意：數字是虛構的──千萬不要以此為根據，推測報酬而銷售山羊或橄欖！）

整體而言，山羊和橄欖的產量增加了，因為兩國的農民都專注在自己擅長、土地也最適合的部分。他們的農耕養殖會更有效率，也更有生產力。義大利和阿富汗可以交易、分享生產提升的好處──兩國的居民可以享用更多橄

欖和山羊，如果產量太多，甚至可以拿一部分和擅長生產不同東西的其他國家貿易。

沒那麼擅長的呢？

但萬一有個國家比貿易夥伴更擅長生產所有的東西呢？我們再舉兩個國家——玻利維亞和巴西。這兩個國家都只生產咖啡和可可；我們假設巴西在這兩項產品都優於玻利維亞：

	咖啡（百萬噸）	可可（百萬噸）
巴西	800	400
玻利維亞	100	300
總數	**900**	**700**

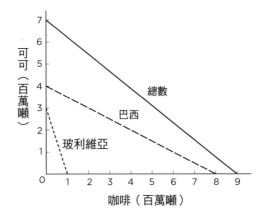

我們可以用生產可能性邊界曲線（如下圖），顯示兩國生產可可與咖啡的潛力。A、B及C點顯示巴西如何將資源分配給這兩種產品。

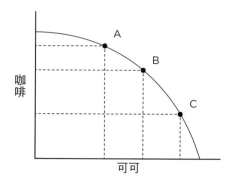

巴西可以生產更多的咖啡，但這是在它不生產可可的前提下，所以有可可的機會成本。巴西生產的咖啡是可可的兩倍；所以它必須放棄兩噸的咖啡，才能多生產一噸的可可。巴西在生產咖啡方面有相對優勢。如果我們假設每一噸咖啡和可可的利潤相同，巴西專注生產咖啡會有更好的表現，因為生產更有效率。之後它可以和玻利維亞交易取得可可。玻利維亞生產可可有相對優勢，儘管它生產可可的效率不及巴西，但還不到沒有效率的地步。「玻利維亞生產可可的能力是最不差的」，所以應該專注在這方面。

如果巴西放棄生產可可，玻利維亞放棄生產咖啡，它

們的產出應該就像這樣：

	咖啡（百萬噸）	可可（百萬噸）
巴西	1,600	0
玻利維亞	0	600
總數	1,600	600

這對愛喝咖啡的人來說是好消息，但對巧克力愛好者就是不好的結果，因為現在的可可比以前少、咖啡比以前多。最理想的解決方案，就是玻利維亞放棄生產咖啡，但巴西生產少量的可可，以確保供足可以滿足需求。最後的生產情況大概是這樣：

	咖啡（百萬噸）	可可（百萬噸）
巴西	1,400	100
玻利維亞	0	600
總數	1,400	700

如果現在有個「購買玻利維亞國貨」的活動，鼓勵當地民眾喝國產的咖啡，那麼該國的經濟情勢將會變差，而不是更好，因為農民就得種植他們最不擅長生產的作物。

用什麼價格交易？

　　為了進行貿易，兩國必須固定一個咖啡與可可（或者橄欖與山羊）的交換比例。顯然沒有哪個國家願意付出的商品價格，跟國內生產的成本一樣多；如果是這樣，交易就沒有意義了。一噸咖啡在巴西「價值」半噸可可（機會成本），所以可以寫成：

1 咖啡＝0.5 可可

　　由於玻利維亞每生產三噸可可相當於一噸咖啡，所以等式表達為：

1 咖啡＝3 可可

　　這兩個國家企圖設定的條件，要優於支付機會成本才能取得想要的咖啡／可可。它們必須設定一個大約一噸可可交換半噸到三噸咖啡的交換比例。以這個例子來說，1咖啡＝1可可對兩國都不錯，但玻利維亞獲益更多。它們也許會定為：

1 咖啡 ＝ 1.75 可可

因為這是 0.5 和 3 的中間點。

全球競爭

　　若一個國家想擁有全球競爭力，必須在幾個市場有相對優勢，才能找到貿易夥伴。「天然資源」是一國的優勢：科威特有石油蘊藏，西西里的氣候適合種植檸檬，冰島的四周環繞著魚類豐富的海洋……一個國家可以透過發展人力資源、或投資想要建立的市場，為自己製造競爭優勢。就國際貿易來說，最好是建立可出口的市場。舉例來說，冰島就算把雪橇這項產品做到完美，也不會增加國際競爭優勢，因為許多地方並不需要雪橇。

不只如此

　　決定一個國家能否在全球市場成功進行貿易，必然還有其他因素。有時候，一個國家缺乏競爭力和它所提供的「價格」有關：

- **匯率**：如果一個國家的貨幣很強勢，而另一國的貨

幣較弱勢，前者就很難說服後者付出足以讓交易有利可圖的商品價格。例如強勢英鎊／美元／歐元對出口不利。

- **通貨膨脹率**：如果一個國家的通膨高於另一個國家，出口貨物在進口國的價格其實會上漲。
- **單位勞動成本**：如果生產每一件產品的勞動成本上漲，出口商的成本也會增加，而該產品對進口商也會更昂貴。

此外，一個國家缺乏競爭力的其他因素還包括：

- **產品品質**：如果一個國家生產品質不好的商品，很難在一個競爭的市場中賣出去。
- **服務品質**：良好的售後服務和迅速交貨所建立的聲譽，會吸引後續的業務；差勁的服務則會流失業務。
- **行銷**：研究市場，做出符合顧客需求的產品並宣傳它，這些是在市場創造高度興趣的重要方法。
- **所得彈性**：這是指經濟體中顧客財富的變化。如果一個國家的人民有錢、有動機花錢購買進口商品，出口商在這個市場會比較成功。

- **民族主義**：大家或許更喜歡購買本國生產的商品。他們之所以喜歡，也可能是因為出自於對環境的關心，以及想要盡量降低碳足跡。

貿易壁壘

為了想要保護本國生產者，政府有時候會設置國際自由貿易的壁壘。做法是透過施加關稅（對進口商品課稅）和實施配額，限制特定商品可進口的數量。不過，在貿易保護政策下，輸家通常會比贏家多。

「贏家」就是能夠抓住國內市場的本國生產者。他們的商品也許比進口商品昂貴或品質較低，但如果消費者只能買他們的產品，他們還是能成功。「輸家」則是消費者和企圖銷售進口商品的國家／企業；消費者不是得付出更多錢，就是買不到——特別是當國內生產者無法滿足消費者需求的時候。

「貿易保護主義」是可能適得其反的策略。無法將商品銷售到貿易限制經濟體的國家，可能會以用自己的關稅或配額加以報復，損害貿易保護國銷售出口品的能力。唯一的贏家是本國經濟體中的商品生產者（以及政府，因為

政府從關稅獲得稅收）。

除了關稅與配額，政府還可以補貼國內的產業協助它們競爭；政府還可以祭出額外的法規，例如要求各項進口產品進行檢測，讓出口到該國變得又貴又困難。

協議設限

「自動出口設限」（VER）有點像是配額，只不過是兩國皆同意設限。一個國家同意限制出口似乎很奇怪，但這卻可以帶來金錢的優勢。如果一項產品的供給受限，那就不足以滿足需求，價格會上漲。所以儘管出口商能賣到市場的單位變少，每單位的價格卻會更高。日本和美國在一九八一到一九九四年間，就有VER限制日本汽車進口到美國的數量。同意這個配額，是因為便宜節能的日本車威脅到美國的汽車工業。日本公司開始出口更大的豪華車款，從受限的銷售數量中獲取最大的利潤。

自由貿易還是不自由貿易？

大部分經濟學家都認為，國際自由貿易是比較好的選項，它應該會透過相對優勢原則，使全球的資源得到最有效率的運用。但有些國家想要設置貿易限制，讓新生產

業（新創立產業）在進入嚴酷的公開市場競爭之前，有時間可以成長。這也引來問題：政府支援應該在什麼時候撤出？萬一新生產業市場的構想不周全，而且國家在這個領域確實沒有相對優勢，那麼怎麼辦？

另一個支持設限的論點認為，必須要防止廉價商品大量傾銷到一個國家的市場，因為這會削弱國內的競爭力。監管自由貿易的世界貿易組織（WTO），就擬定條款供各國對抗這一點。

一個稍微令人信服的論點是，一個國家完全仰賴其他經濟體提供關鍵物資是很危險的。如果一個國家完全沒有糧食、燃料，以及基本原物料供給，就可能會被其他國家要挾勒索，或者在戰爭中孤立無援。歐盟花了很多預算，透過共同農業政策發錢給歐洲農民，支撐起價格；這樣做是為了避免糧食市場完全被歐洲以外的低價糧食支配（請見第16章）。在理想的世界中，我們可以假設貿易夥伴永遠都能供給五穀、天然氣、鋼鐵等等——但我們不是生活在理想世界。

不過，或許反對自由貿易最有說服力的論點，是由樂施會、國際消費者聯盟，以及地球之友（Friends of the Earth）所提出的。這些慈善團體指出，儘管全球經濟整體

能得利，但受益的都是少數大型跨國企業組織。輸家則是
開發中國家、大部分消費者，還有環境。

Chapter 24

跨國企業不能說的避稅祕密

逃稅是犯罪行為，但避稅不是，而全球化讓大型
企業無不卯起來逃避他們該付的錢。根據統計，
這讓全球整體經濟損失高達一兆美元……

二〇一二年，幾家大型國際企業，包括Google、星巴克和亞馬遜，在其營運的幾個國家只繳納非常少的稅金（甚至沒有繳稅）的事實曝光，引發眾怒。

消失的獲利數字去哪了？

這些公司顯然生意興隆，卻宣稱它們沒有獲利，所以不應該繳納公司稅。星巴克聲稱多年來在英國一直虧損──卻告訴它的投資人，「很高興英國的分公司能獲利」。消費者強烈的抗議導致這些企業被聯合抵制。亞馬遜對此不以為意；但是要抵制Google卻相當困難，因為Google無所不在。

較容易被抵制的星巴克，是唯一對這些批評做出讓步的公司。為了息事寧人，星巴克同意繳納二千萬英鎊（三千一百萬美元）給英國稅捐當局，但仍堅持公司並無過錯。這二千萬英鎊有如九牛一毛──星巴克從一九九八年開始在英國發展，一直到二〇一二年間，只繳納了八百六十萬英鎊的公司稅，但它的銷售額卻有三十億英鎊（四十六億美元）。該公司每年都提報營業損失，並宣稱它在二〇一七年之前都沒有獲利。

大部分人會問，如果一家公司擁有五百家咖啡店，為

什麼會沒有獲利？或者說，如果擁有五百家咖啡店還沒有獲利的話，或許它並不是非常善於經營賣咖啡這一行。星巴克顯然非常精通咖啡這個行業，而且沒有違法。那麼這些企業是怎麼做到的呢？

移轉訂價

一家國際企業能夠在「書面」上做到：它大部分業務所賺到的錢，都是在對獲利實施最低稅率的地區賺到的。（可能是合法國家，例如比利時，或是像開曼群島這樣的避稅港。除了幫世界各國的公司隱藏資金之外，這些國家幾乎不做別的事。）

我們假設有一家虛構的企業叫Quickbuck，它在歐洲各地成立連鎖商店。有些歐洲國家的公司稅率較其他國家低很多。在英國，二〇一二年的公司稅率為二四％；而在愛爾蘭共和國，則是一二・五％。很明顯的，Quickbuck在愛爾蘭賺錢比在英國賺錢更有利。但愛爾蘭是個小國，比大部分歐洲國家小，所以就算Quickbuck在當地開了許多店，也不可能在愛爾蘭賺到它在歐洲大部分的獲利。所以該公司使用一招名為「移轉訂價」（transfer pricing）的妙計——大幅提高價格，然後從避稅港國家出售、或授權商

品給自己。

為了做到一點，Quickbuck先在愛爾蘭註冊商標，並要求歐洲所有相關公司，以大幅提高的價格取得這個商標的授權許可。然後Quickbuck堅持歐洲的所有門市使用特定類型的標價槍，並以每件一萬英鎊的價格銷售給每家門市，儘管這種標價槍只要花五十英鎊就能從當地供應商那裡買到了。於是，其他歐洲門市的真正獲利漸漸被Quickbuck位於愛爾蘭的總部侵蝕、浪費，因為當地的稅率僅一二・五％。

這樣做不好嗎？

Quickbuck的做法並沒有違法，因為其他歐洲國家沒有規定禁止不能這麼做（包括日本在內的某些國家，過去就有相當嚴格的規定，阻止移轉訂價）。所以Quickbuck沒有做錯任何事嗎？

認為這麼做是錯的論點指出，Quickbuck用納稅人的錢提供的商品與服務中受益，但它卻沒有以任何方式做出貢獻。舉例來說，Quickbuck的大型貨車損害道路時，花的是納稅人的錢，但它卻對修繕、維護國家基礎建設毫無貢獻。

Quickbuck或許會辯稱，它提供當地就業機會並對GDP做出貢獻。但所有企業都有這麼做，它們對基礎建設同樣有貢獻。Quickbuck得以更有競爭力，是因為它的稅款較低。它可以從其他公平繳稅的公司手上搶走生意。這是有商業頭腦，還是不道德地利用法律漏洞——或者兩者皆有呢？

漂洗利潤造成的巨大損失

這聽起來像是相當罕見的問題，但其實不然。據估計，企業透過避稅港，利用稱為「漂洗利潤」（profit laundering）的方法，讓開發中國家的政府每年流失二千億美元（另外二千五百億美元是個人利用避稅港所流失的，其中也包括犯罪活動）。至於全球的整體經濟為此損失達一兆美元。以全球所有對外援助的預算不到一千億美元來看，這很明顯是一筆巨款。換句話說，如果把避稅港的法律漏洞補上，我們就不需要任何對外援助的行動了。

對英國來說很諷刺的是，在全世界七十二個避稅港中，有三十五個是英國附屬地、領地或大英國協成員，而英國卻是「漂洗利潤」的大輸家之一。

左手換右手的生意

Quickbuck 還有其他手段可以用來減少自己的納稅義務。它可以用非常低的價格將商品賣給自己，然後將這些商品移往公司稅很低的地區，如此一來就不會對獲利造成不利的影響；它也可以把錢借給自己在不同國家的公司，收取高額利息，藉此將資金轉向低稅率地區。

英國政府認為，全球貿易有五〇％至六〇％的比例，是在同一家傘型公司（umbrella company）旗下的子公司之間進行的，這就給了「漂洗利潤」很大的空間。

利用不同稅率而設計定價的例子包括：電視天線在中國的售價是〇‧〇四美元、美國推土機的售價是五百二十八美元。而訂價過高的項目包括：德國的弓鋸片，每件五千四百八十五美元，以及日本的鑷子，每件四千八百九十六美元。

公平終將勝利

儘管如此，來自消費者的壓力與政府干預都發揮了作用──跨國企業被要求承擔相關的責任。二〇一二年，英國政府調查並訊問亞馬遜、星巴克與 Google，並在對「公共審計委員會」（Public Accounts Committee）發表的證詞

中，痛斥這些公司「不義」、「不道德」，還滿口「胡言亂語」。

　　歐盟的稅務委員曾提議，將那些容許大型跨國企業利用「侵略性租稅規畫」的法律漏洞補上。而在修改法規之前，大眾批評的主要目標，開始在它們營運的國家繳納更多稅款。美國稅務主管機構就曾向亞馬遜追討十五億美元的逾期欠款。

像經濟學家一樣思考

24 堂超有料市場供需課，Step by Step 揭開貨幣、商品與消費的祕密
Think Like an Economist

作　　者　　安‧魯尼
譯　　者　　林奕伶
主　　編　　郭峰吾

總 編 輯　　李映慧
執 行 長　　陳旭華（ymal@ms14.hinet.net）

社　　長　　郭重興
發行人兼　　曾大福
出版總監
出　　版　　大牌出版／遠足文化事業股份有限公司
發　　行　　遠足文化事業股份有限公司
地　　址　　23141 新北市新店區民權路 108-2 號 9 樓
電　　話　　+886- 2- 2218 1417
傳　　真　　+886- 2- 8667 1851

印務經理　　黃禮賢
封面設計　　萬勝安
排　　版　　藍天圖物宣字社
印　　製　　成陽印刷股份有限公司
法律顧問　　華洋法律事務所 蘇文生律師

定　　價　　420 元
初　　版　　2020 年 8 月

國家圖書館出版品預行編目（CIP）資料

像經濟學家一樣思考：24 堂超有料市場供需課，Step by Step 揭開貨幣、商品與
消費的祕密／安‧魯尼 著；林奕伶 譯 . – 初版 . -- 新北市：大牌出版，遠足文
化發行，2020.08 面；公分
譯自：Think Like an Economist
ISBN 978-986-5511-28-9（平裝）
經濟學

550　　　　　　　　　　　　　　　　　　　　　109008401